XIAOXUESHENG

XINLI JIANKANG ZHISHI SHOUCE

小学生心理健康

知识手册

《"每天学点心理学"丛书》编写组

编著

江西教育出版社
JIANGXI EDUCATION PUBLISHING HOUSE

·南 昌·

赣版权登字-02-2024-446

图书在版编目（CIP）数据

小学生心理健康知识手册 / "每天学点心理学"丛书编写组编著. -- 南昌 : 江西教育出版社, 2024.12
（每天学点心理学）
ISBN 978-7-5705-4232-1

Ⅰ.①小… Ⅱ.①每… Ⅲ.①心理健康－健康教育－小学－教材 Ⅳ.①G444

中国国家版本馆CIP数据核字(2024)第041462号

小学生心理健康知识手册
XIAOXUESHENG XINLI JIANKANG ZHISHI SHOUCE
《"每天学点心理学"丛书》编写组 编著

江西教育出版社出版
（南昌市学府大道299号　邮编：330038）

各地新华书店经销
江西千叶彩印有限公司印刷
787毫米×1092毫米　　16开本　　11.25印张　　195千字
2024年12月第1版　　2024年12月第1次印刷

ISBN 978-7-5705-4232-1
定价：22.00元

赣教版图书如有印装质量问题，请向我社调换　电话：0791-86710427
总编室电话：0791-86705643　　　编辑部电话：0791-86700573
投稿邮箱：JXJYCBS@163.com　　网址：http://www.jxeph.com

· 序 ·

国家强盛需要健康而强大的国民心态。提升全民心理健康素养，是推进健康中国建设、平安中国建设和精神文明建设的重大时代课题。党的二十大以来，党和国家对心理健康事业作出一系列战略部署，强调要重视心理健康和精神卫生工作，并将其摆在经济社会发展大局的重要位置来谋划推进。

学习、掌握科学的心理健康知识，成为广大人民群众愈加强烈的意愿。生活中，人们经常面对各类心理问题，却不知如何应对与化解。诸如，"经常心情不佳，要如何处理？""孩子有厌学情绪，怎么办？""婆媳关系难处理，怎么解决？""职场'内卷'压力大，该如何化解？"……面对这些心理困惑，一套贴近民众生活的心理健康知识手册，有助于廓清心灵迷雾、洞察现象本质、找寻应对良方。

人民的需求就是工作的努力方向。江西省平安建设领导小组办公室联合江西师范大学，组织江西省社会心理服务体系建设研究中心专家和高校学者，精心编写了这套共10册的"每天学点心理学"丛书，涉及婴幼儿、小学生、初中生、高中生、大学生、教师、中老年人等多个群体。丛书编写始终坚持科学严谨、实用易懂的导向，每本书都精心挑选了各群体日常生活中可能面临的典型心理健康问题，运用专业理论知识分析阐释，让读者能够轻松理解和运用相关知识，一定程度上帮助读者解决问题、改善心理状态；同时，这套丛书也为从事心理健康工作的人员提供了实用的辅导读本，增强他们从事心理工作的实际本领，培育自尊自信、理性平和、积极向上的社会心态。

坚持"每天学点心理学"，阳光快乐每一天！

《"每天学点心理学"丛书》编写组

亲爱的父母们：

每一个人的成长都是一段丰富的旅程，其中包含了无数的可能性与挑战性。这段旅程的目标是帮助个人建立自我认知、培养应对困难的能力以及找到与这个世界和谐相处的方式。然而，这段旅程往往并不容易，尤其是在童年和青少年时期，孩子们会遇到各种各样的困扰，这些困扰可能来自学校、家庭，也可能来自他们对生活和未来的理解。作为家长，我们时刻关注着孩子们的成长与发展。我们渴望给予他们最好的教育，帮助他们成长为心理健康、独立自信的个体。

然而，我们常常面对着如何理解孩子的内心世界，应对他们的情绪困扰，引导他们正确面对学习以及帮助他们应对社交挑战等问题。特别是在当今快速变化的社会中，孩子们面临着不同于过去的成长环境与挑战。技术的迅猛发展、信息的爆炸以及社交媒体的普及，给他们带来了全新的学习和社交方式。社会竞争压力的增加、学业负担的沉重、虚拟世界对真实社交的冲击等，都使得孩子们在心理健康方面面临更多的挑战。

正因如此，我很高兴向您推荐这本由李小山博士带领其团队精心编写的图书——《每天学点心理学：小学生心理健康知识手册》，此书专为小学生父母量身打造。本书汇集了专业心理学知识和实用建议，旨在帮助您更好地了解和支持孩子们的心理健康成长。每一章节都经过作者的反复推敲和精心设计，分为案例导入、心理解读、应对之道、心理小贴士等板块，兼具科学性和可读性。通过阅读本书，您可以深入了解孩子们的心理需求，学习如何与他们建立良好的沟通。您将掌握专业的策略和方法，帮助孩子树立积极的自我形象，应对挑战，建立良好的人际关系和行为习惯。

希望通过阅读本书，您能成为他们可倾诉、可信任、可依靠的支持者，帮助他们在人生旅程中茁壮成长。

祝愿您和孩子（们）一起度过小学这段富有爱与关怀的美好时光！

中国科学院

目录

第一篇
认知篇

01

天天开心＝心理健康？

丽丽妈妈是一名全职妈妈，每天不仅管丽丽的学习，也非常关注她的情绪。在妈妈眼里，丽丽一直是个活泼开朗的孩子，她每天都开开心心、无忧无虑的。可是自从进入小学六年级，妈妈发现丽丽经常愁容满面。不论是做作业，还是帮着妈妈做家务，甚至在为数不多的娱乐时间里，丽丽都愁眉不展。

一个周末，丽丽的小姨来家里做客，专门带了丽丽非常喜欢的零食和漂亮衣服。可是丽丽冷淡地表达了谢意之后就回房间了。这些反常的举动让小姨有些担忧，便问丽丽妈："丽丽最近是不是出现了心理问题呢？我记得她以前总是开开心心的呀？"丽丽妈回答道："我最近也在想这个问题，还打算给她找个心理咨询师呢！"

心理解读

现实中，很多人对"心理健康"这个词有一定程度的误解，会想当然地将心理健康等同于没有负面情绪，等同于天天开心没烦恼。事实上，人的基本情绪就包括喜怒哀乐。从心理学的角度讲，人的情绪受外界刺激引发，当这些情绪积累到一定程度时，必然会出现情感的自然表达，比如哀伤、恐惧等。因此，孩子表现出类似的消极情绪，并不代表孩子一定出现了心理问题。案例中的丽丽上小学六年级，正面临着巨大的升学压力，学业上的紧张感让她无法好好享受当下的生活，这或许是她每天愁眉不展的重要原因之一。

什么是心理健康？

早在春秋时期，我国著名的思想家管仲就提出了心理健康的相关观点。在《管子》中，他提出"凡道无所，善心安爱""定心在中，耳目聪明""心全于中，形全于外，不逢天灾，不遇人害""大心而敢，宽气而广，其形安而不移"，将心理状态分为善心、定心、全心、大心等多个层次，强调了心神安宁、节制欲望、独乐其身等修身养性方式的重要性。

综合古往今来的观点，心理健康是指个体心理在自身状态和环境条件许可范围内，所能达到的最佳功能状态。心理健康有广义和狭义之分。广义上的心理健康是指一种高效、满意且持续的心理状态；狭义上的心理健康是指人的心理活动过程内容完整、协调一致，即知、情、意、行和谐统一。

1946年第三届国际心理卫生大会指出：所谓心理健康是指在身体、智能以及情感上，与他人的心理健康不相矛盾的范围内，将个人心境发展成最佳状态。其具体表现为：身体、智力、情感十分协调；适应环境，人际关系中能彼此谦让；有幸福感；在工作和职业中，能充分发挥自己的能力，过高质量的生活。

影响孩子心理健康的因素

遗传因素。遗传是影响孩子心理健康的重要因素之一，对于孩子的心理健康和人格形成有较大影响。有研究表明，在一个有精神疾病史的家族当中，后代的血缘关系越近，患精神疾病的概率也越大。

环境因素。一是家庭环境。家庭环境对孩子心理健康的影响主要包括家庭结构、家庭氛围、经济状况等。在家庭结构方面，如单亲家庭、寄养家庭等，不同于正常情况的家庭结构会对孩子的心理产生较大的影响；在家庭氛围方面，如果父母管教过于严厉、为人处世态度消极、父母之间关系紧张等，都可能让孩子产生消极情绪；在家庭经济状况方面，如果家庭经济社会地位低，孩子可能表现出更多的负面情绪。二是学校环境。学校是孩子学习和生活的主要场所之一，孩子在学校常常会面临学业、人际关系等各方面的压力。不融洽的师生关系或同学关系，以及不良的班风都会对孩子的心理健康产生影响，让其产生紧张、焦虑、厌学、抑郁等心理问题。三是社会环境。每个人都在社会中成长和发展，孩子的心理健康也会受到来自社会环境的影响。

随着科技的不断进步，社会风气也在不断变化，拜金主义、利己主义、暴力和色情等不良的文化传播都会严重扭曲孩子的价值观，进而影响孩子的心理健康。

人格发展过程中的矛盾和冲突。埃里克森人格发展理论将每个人的人格发展分为八个阶段，每个阶段都有相应的需要解决的社会心理危机。小学生处于"勤奋感对自卑感"阶段，如果孩子不能及时地处理心理发展的矛盾和冲突，或者没有能力去应对发展阶段中的问题，就会影响自己的心理健康。

 ## 应对之道

对于正常孩子而言，家长可以通过塑造孩子的积极品质和营造良好的生活环境来提升其抵御心理问题的能力；对于有心理问题的孩子而言，家长需要寻求专业治疗，提升孩子身心健康水平。

预防方面

引导孩子积极参加课外活动。家长要鼓励孩子积极主动地参加感兴趣的课外活动，也可以利用节假日时间陪孩子一起参加爬山、露营、亲子体验、社区志愿服务或劳动教育等活动。

学习与人相处的技巧。家长要让孩子多与其他小朋友交流，鼓励孩子多交新朋友。例如，让孩子与其他小朋友一起合作，共同完成任务，培养他们的合作意识和交流技能。

进行抗挫力训练。家长平时可以给孩子增加抗挫力训练，或者设置一些适当的挑战来增强孩子的心理承受能力。家长应该给孩子独立解决问题的空间，避免过度保护孩子，导致孩子成为"温室里的花朵"。

营造良好的家庭环境。父母要足够关心与关爱孩子，给孩子足够的安全感。父母在教育孩子时，要做到意见统一，若出现意见不同的情况，应当私下交流，而不应该在孩子面前相互指责。此外，父母应该给孩子营造一个和谐、温馨、友爱的成长环境，尽量避免当着孩子的面争吵、冷战。

干预方面

引导孩子学会向他人求助。家长应鼓励孩子在遇到困惑时，及时向自己信任的

每天学点心理学：小学生心理健康知识手册

人或专业人员求助，及时解决问题。

家校联合共育。家长要经常与老师沟通，了解孩子在学校是否有异常情况，积极配合学校老师家访、开家长会、建立微信群等工作，加强与学校的联系。同时，家长也要掌握一定的心理健康知识，树立正确的教育理念，给孩子营造一个良好的环境，发挥家庭的正向作用。

心理小贴士

直面挫折，善于求助

动画片《虹猫蓝兔七侠传》讲述的是虹猫的父亲在一次铲除以黑心虎为首的魔教的过程中，因寡不敌众，英勇牺牲。虹猫少侠谨遵父亲遗命，肩负起拯救森林的重任，但也知道以自己的力量是不可能铲除魔教，只能下山去寻找其他六剑传人。在这个过程中，虹猫经历了很多的困难甚至是殊死较量，最终七剑合璧，大败黑心虎，彻底铲除了魔教。森林王国又恢复了昔日的和平与安宁。

故事告诉我们，生活中挑战无处不在，在面对困难时，家长可以鼓励孩子直面挫折，坚定自己的信念和目标，通过不断努力去战胜困难。此外，家长可以鼓励孩子在遇到困难时应寻求家人、朋友或老师的支持，学会求助是解决问题的重要途径之一。

02

有了心理问题，需要专业治疗吗？

源源今年上小学六年级，面临着升学这一转折点。随着学习压力的加重，源源在行为上也发生了变化。老师发现源源在课堂上没有以前专注，还经常咬手指甲，叫他回答问题，却什么也不会。无论上课还是下课，源源都会反复整理抽屉和桌面。

老师和源源的父母交流后得知，父母平时对源源的要求很高，如果源源没有考到全年级第一，就不算优秀。而且，源源的父母从来不会夸奖、鼓励他，只会严格要求他。老师建议带源源去进行专业治疗，但源源的父母觉得没关系，可能过一段时间就好了。但是一段时间之后，源源的这种情况并没有改善，反而更糟糕。此时，源源的父母开始慌了。

心理解读

如今社会竞争日益激烈、学习压力增大，有心理障碍的学生也越来越多。小学生往往因学习压力过大而产生焦虑、紧张、抑郁、学习困难等问题。遇到这些问题，部分家长认为没关系，不愿意带孩子去看心理医生，这可能和家长对心理健康和心理咨询不够了解有关。

什么是专业心理治疗

专业心理治疗是指接受过专业训练的临床心理工作者与精神科医生，针对有心理障碍或心理疾病的人群，以严谨慎重的态度在专业的架构下用专业的知识与来访者建立起一种治疗关系。并通过这种方式来减缓、矫正或消除患者存在的症状，调整他们异常的行为模式，以促进患者的心理健康发展与人格的积极成长。

专业心理治疗的类型

心理咨询。心理咨询是指接受专业训练的咨询者运用心理学的理论和技术，通过语言和非语言的交流给来访者以帮助、启发，从而改变不良认识、情感和态度，促进人格的发展和社会适应能力改善的活动。咨询对象可能面临学习压力、工作挑战或人际关系等，咨询师为该人群提供解惑、建议、讨论、点拨等服务，咨询活动可以在社会机构、学校和社区等环境中开展。心理咨询师是不能为患有心理疾病的人群提供心理诊断的。《中华人民共和国精神卫生法》规定，心理咨询人员不得从事心理治疗或精神障碍的诊断、治疗。心理咨询人员发现接受咨询的人员可能患有精神障碍的，应当建议其到符合法律规定的医疗机构就诊。

心理治疗。心理治疗是经受过专业训练的心理治疗师运用心理学专业知识和技术，对心理疾病患者进行诊断与治疗，以促进或达到心理健康的过程。心理治疗师主要致力于诊治异常的心理问题，如心身疾病、抑郁症、人格障碍以及其他精神疾病，专业人员常常通过药物治疗和心理咨询相结合的方法给患者提供专业援助，以改善或消除患者的相关症状，达到治疗的目的。

专业治疗对小学生心理健康的影响

接受治疗的好处。小学生常因学业压力大、人际关系处理不好等产生多种心理问题。每一种心理问题都有其自身的发展特点及成因解释特点。专业治疗可以有效帮助孩子走出心理障碍、促进人格发展、改善人际关系，从而以积极的身心状态投入学习，进而获得更好的学业成绩。

不接受治疗的弊端。一般而言，心理问题常常需要借助外力，尤其是借助专业治疗力量实现康复。当孩子出现心理问题时，如果不及时干预，很可能错失心理问题治愈的关键期，不利于孩子身心健康的发展。此外，大量事实表明，心理问题常被认为是学习成绩、人际关系等的风险因子，进而影响个体的生活质量。

影响孩子接受专业心理治疗的因素

经济压力。家庭经济方面的问题会影响孩子接受专业治疗。众所周知，专业治疗的费用较昂贵。举例来说，在南京某医院，一次心理专业治疗时长大约50分钟，费用为600～1000元。一般情况下，心理治疗每周一次，且通常会持续较长一段时间，这对于大多数普通家庭来说是一笔巨大的支出。由于承受不起高昂的费用，家长就有可能中断治疗或不让孩子接受专业治疗。

时间压力。时间压力也是影响孩子接受专业治疗的一个因素。父母可能担心孩子在治疗上花费的时间过多而影响学习。此外，父母也可能因为工作忙碌，没有时间带孩子去进行专业治疗。

家长不够重视。家长对于心理疾病没有正确的认识，可能认为心理问题不需要治疗就可以自愈。因此，父母常常对孩子出现的心理问题不够重视，不愿意带孩子去做心理治疗。

社会污名。社会污名是影响孩子接受专业治疗的重要因素。社会污名是指当个体的某些个人特征不符合社会规范时，该个体被污名化，如人们对心理疾病患者或行为怪异者贴上"精神病""神经病"等标签，并进行孤立。这可能会导致家长害怕他人知道自己的孩子患有心理疾病，讳疾忌医，影响孩子接受专业治疗。

 ## 应对之道

寻求医保支持。目前大部分省份将心理治疗纳入了医保范畴。家长如果对这方面的信息存有疑虑，可以了解医保政策及相关信息，寻求大病医保，进行医保报销。家长还可以咨询保险公司的专业人士了解相关信息。

做好时间管理。家长自己应该做好时间管理，尽量做到家庭与工作的平衡。当孩子出现心理问题时，父母应该尽量多花时间陪伴孩子，并定期带孩子进行专业治疗。

及早进行治疗。身体上的疾病，我们需要去看医生，那么心理上的疾病，家长也可以寻求学校、社区或医院的专业人员的帮助。出现心理问题及早进行治疗效果更好，也更有利于孩子的成长和发展。

正确认识心理问题。心理问题是一个全球性和社会性的重大问题，同时也是一个普遍的问题。每个个体或多或少都存在心理问题，只是严重程度不同，若要帮助患者恢复心理健康，帮助他们更好地生活和学习，需要进行专业心理治疗。

心理小贴士

借助专业力量走出心理困境

电视剧《女心理师》讲述的是女心理师贺顿利用自己的心理学专业知识，借助心理咨询，通过解析来访者心理问题的成因，帮助他们走出过往的心理阴霾，重新拥抱生活的故事。经过女心理师的帮助走出来的来访者有即将高考的艺考生、疯狂的粉丝、怕再失去儿子的父亲、失落新娘等。

剧中的故事告诉我们，人一生中可能会受到各种伤害，受伤害后如何包扎自己的伤口至关重要。一个重伤的人，是无法完成自救的，需要借助他人的帮助。而专业的咨询工作者，在来访者伤口治愈方面起着非常重要的作用。

03

孩子心情不好，
一定是抑郁症吗？

疫情期间，小梦的家长察觉到孩子的情绪和行为与以往有些不同。小梦变得易怒，莫名其妙地发脾气，对事情不耐烦，偶尔还会悲伤、哭泣……小梦的家长说，孩子自从上小学六年级以来，与父母、老师、同学都很少说话，喜欢一个人躲在角落，时不时会表现出郁闷、悲伤、封闭自我的情绪。而小梦的父母都忙于工作，即便疫情在家也要线上工作，没有时间陪伴孩子，也没时间关心孩子的情绪。

前几天，小梦的家长察觉出孩子情绪变得异常低落，他们担心孩子得了抑郁症。

那么，孩子心情不好，一定是抑郁症吗？

心理解读

抑郁症是一种常见的心理疾病，以持续的情绪低落为主要临床特征，是现代人心理疾病的主要类型，往往伴有心理上和躯体上的异常表现。需注意的是，如果孩子只是表现出短暂的情绪低落，一般可以通过自我调节得到缓解。但如果孩子长期处于悲伤的情绪中，那么可能要考虑寻求专业人士的帮助了。

什么是抑郁症？

抑郁症是以显著而持久的情绪低落、思维迟缓、认知功能受损、意志活动减退和躯体症状为主要临床特征的一类情感障碍。儿童抑郁症指儿童的心境处于病理性的低下或恶劣状态。抑郁是青少年儿童群体中出现的较常见的心理问题。据世界卫生组织统计，全球约有3.5亿人患有抑郁症。研究表明，我国青少年抑郁症的患病率超过10%。

抑郁症通常会引发不良症状，患者会出现情绪低落、情绪消沉、整天闷闷不乐、悲痛欲绝等情况；严重抑郁症患者常伴有消极悲观的情绪或行为，会出现自责自罪，甚至产生绝望自杀的念头，可能发展成自杀行为。

抑郁症的诊断标准

不是所有的"抑郁"都叫作抑郁症，需要经过专业诊断才可能被认定为抑郁症。如《精神障碍诊断与统计手册（第五版）》的诊断标准：

1.出现5个及以上的下列症状，表现出与先前功能不同的变化，其中至少一项是：

①抑郁心境。

②对于曾经喜欢的活动丧失兴趣或愉悦感，且持续2周以上，可以诊断为重性抑郁发作。

同时，至少存在以下状况中的4种：

①几乎每天大部分时间都心情抑郁，既可以是主观体验（如感到悲伤），也可以是他人观察（如流泪）。

②几乎每天或每天的大部分时间，对于所有或几乎所有活动的兴趣或乐趣都明显减少（既可以是主观体验，也可以是他人观察所见）。

③在未节食的情况下体重明显减轻或体重明显增加（例如，一个月内体重变化超过原体重的5%），或几乎每天食欲都减退或增加（注：儿童则可表现为未达到应增体重）。

④几乎每天都失眠或睡眠过多。

⑤几乎每天都精神运动性激越或迟滞（由他人观察所见，而不仅仅是主

观体验到的坐立不安或迟钝）。

⑥几乎每天都感到疲劳或精力不足。

⑦几乎每天都感到自己毫无价值，或过分地、不恰当地感到内疚。

⑧几乎每天都存在思考或注意力集中的能力减退或犹豫不决（既可以是主观体验，也可以是他人观察）。

⑨反复出现死亡的想法（而不仅仅是惧怕死亡），反复出现没有特定计划的自杀意念，或有某种自杀企图，或有某种实施自杀的特定计划。

2.这些症状引起有临床意义的痛苦，或导致社交、职业或其他重要功能方面的损害。

3.这些症状不能归因于某种物质的生理效应或其他躯体疾病。

注：诊断标准1～3构成了重性抑郁发作。

4.这种重性抑郁发作不能用分裂情感性障碍、精神分裂症、精神分裂症样障碍、妄想障碍或其他特定的或未特定的精神分裂症谱系及其他精神病性障碍来解释。

5.从无躁狂发作或轻躁狂发作。

注：若所有躁狂表现或轻躁狂表现发作都是由物质滥用所致的，或归因于其他躯体疾病的生理效应，则排除此条款。

对家长而言，我们可以采用儿童抑郁量表来对孩子的抑郁情况进行评定。

抑郁症的危害

诱发躯体疾病。 抑郁症患者常会出现反复或持续性的头痛头晕、胸闷气短、全身无力、心悸、体重减轻等躯体问题，甚至面容憔悴苍老、目光迟滞、体重下降、便秘等。目前研究发现，抑郁与心血管疾病之间存在相关性。这意味着患者如果长期患有抑郁症，不仅会增加冠心病、高血压等心脑血管疾病的患病率，还大大提升了心脑血管疾病的死亡率。这些疾病无疑又增加了患者的精神痛苦，进而导致抑郁症状加重。

心理功能受损。 抑郁症患者会产生消极的思维。他们会把自己看得一无是处，对微不足道的过失和缺点无限夸大，时常会感到自己对不起他人和社会，认为自己罪恶深重，对前途悲观绝望。

社会功能受损。 抑郁症患者不仅折磨自己，也会影响周围人的生活质量。

病情严重的抑郁症患者往往思维缓慢，并且语速慢，应答迟钝，导致人际交往困难重重。

产生睡眠障碍。抑郁症患者常常伴有顽固性睡眠障碍，一般以失眠、入睡困难、早醒、睡眠节律紊乱、睡眠质量差等形式出现。抑郁症患者容易在凌晨3~5时醒来，此时情绪低落，出现自杀行为的可能性较大。

应对之道

营造和谐的家庭氛围。家长应重视家庭环境对孩子身心健康的影响，积极营造和谐的家庭氛围。家长应充分认识到自身的责任，多花时间陪伴孩子，积极参与家庭教育，为青少年的健康成长助力。

对孩子多些理解和尊重。父母需要让孩子从心理上感受到被接纳和被支持，与孩子进行积极有效的沟通交流，及时发现他们的心理需求，并帮助孩子及时改善不良情绪。

良好的生活行为和饮食习惯。家长应监督和引导子女养成良好的生活习惯、行为习惯和饮食习惯，帮助孩子消除影响身心健康发展的危险因素。

适度陪伴、关注和运动。适度陪伴、关注和一定的运动调节也很重要。在陪伴过程中，理解与关爱应适度，避免过度关注，因为父母过度谨慎往往会给孩子带来无谓的紧张和恐慌。适度运动能使孩子的大脑分泌多巴胺，这种物质可以让人的身心保持顺畅愉悦。

正确对待抑郁症。抑郁症是一种影响广泛的精神疾病，就像感冒和发烧一样正常。抑郁症患者可以寻求专业心理医生进行治疗，不应该被当成瘟疫一样敬而远之。如果家长只是担心别人会怎么看你的孩子而忽视孩子的抑郁症状，只会加深孩子的抑郁，以致错过最佳的治疗时间。

心理小贴士

儿童抑郁程度可以通过儿童抑郁量表进行初步自我测评。

儿童抑郁量表				
在上一周内，你出现下列情况的频率是怎样的?	没有	有一点	有一些	总是
1.我为一些以前并没有困扰我的事而觉得困扰。	0分	1分	2分	3分
2.我不想吃东西，也不怎么觉得饿。	0分	1分	2分	3分
3. 即使家人和朋友努力使我好受点，我也无法快乐起来。	0分	1分	2分	3分
4. 我觉得我和其他孩子一样好。	3分	2分	1分	0分
5. 我觉得我无法集中精力做事。	0分	1分	2分	3分
6. 我觉得情绪低落不开心。	0分	1分	2分	3分
7. 我觉得太累了，不能做事情了。	0分	1分	2分	3分
8. 我觉得有好事要发生。	3分	2分	1分	0分
9. 我觉得自己以前做的事没有起作用。	0分	1分	2分	3分
10. 我觉得恐惧。	0分	1分	2分	3分
11.我睡得没有以前好。	0分	1分	2分	3分
12. 我觉得开心。	3分	2分	1分	0分
13. 我比以前安静多了。	0分	1分	2分	3分
14.我觉得孤独，好像我没有任何朋友似的。	0分	1分	2分	3分
15.我觉得我认识的小孩都对我不友好，或者他们不想和我在一起。	0分	1分	2分	3分
16.我过得很好。	3分	2分	1分	0分
17.我想哭。	0分	1分	2分	3分
18.我觉得悲伤。	0分	1分	2分	3分
19.我觉得人们不喜欢我。	0分	1分	2分	3分
20.对我来说，很难着手做一些事情。	0分	1分	2分	3分

注：儿童抑郁量表共有20道题，采用四级计分，每题从0分到3分。总得分超过15分即为抑郁障碍或心境恶劣。

孩子考前睡不好觉，正常吗？

小珊临近小升初，这是她人生的一场意义重大的考试。过往每次测试前，小珊总会睡不着，特别焦虑，担心发挥失常，考试成绩不理想。如期中考试前，小珊明明准备得很充分，但看到周围人都拼了命地复习，担心大家会把自己甩在后面，于是开始焦虑。这种思想导致小珊心里不舒服，严重影响了她的生活和学习。她每天都很焦虑，甚至想逃课回家。小珊的家长觉察到这一点，但不知如何做。为此，小珊和她父母都十分苦恼。

心理解读

过分的考试焦虑对学生的学习和生活会产生明显的消极影响，严重的甚至会演变为焦虑性神经症。案例中的小珊在考试前会感到心慌紧张，睡不着觉，并且对学习和生活产生不同程度的影响，属于典型的考试焦虑问题。

什么是考试焦虑？

考试焦虑是指在考试情景刺激下产生的特殊心理反应，即受到个体的认知评价等影响，是一种以对考试成败的紧张焦虑情绪为主要特征的心理反应状态。考试焦虑通常与考试环境有关，是学习过程中常见的一种心理问题。此外，考试焦虑也是考生中常见的一种以担心、紧张或忧虑为特点的，复杂而延续的情绪状态。焦虑原本是人类预防危险的一种自我保护反应，但是焦虑过度会渐渐成为病理状态，影响个体的身心健康。

考试焦虑的危害

适度的焦虑情绪可以帮助学生获得更高的学业成绩，但过度焦虑则具有危害性。当学生体验到考试的刺激情境时，会形成对这一情境的知觉，如果他感觉这个情境存在威胁，就会唤起一系列的应激反应，如心跳加快、呼吸加剧、双手颤抖、恶心、腹泻、头痛、失眠等反应。除此之外，过度焦虑也会导致注意力分散，思考的速度、深度、灵活性出现轻度障碍，以及人际关系问题等。

考试焦虑的原因

考试焦虑是外部环境因素和学生自身因素交互作用的结果。

一是外部环境因素。

学校的教育目标和教育方式。学校紧张的考试氛围，难免让学生背上沉重的心理负担。

家长的高期望与压力。父母把对孩子的高期望融入自己的人生目标中，为孩子规划人生前景，这种教育态度有意无意地增加了孩子的思想负担。如果考试不顺利，孩子会感到内疚、羞愧，甚至害怕面对考试。

社会思想舆论和传统文化观念。从古至今，人们向来把读书看作是高尚的事业，重视考试，称"金榜题名时"为人生四大幸事之一。"万般皆下品，唯有读书高"等传统文化观念根深蒂固。上述思想在一定程度上激发学生不懈努力，但也会加重学生的心理负担。

二是学生自身因素。

受考试认知评价的影响。个体是否产生考试焦虑，主要取决于人们对考试的认知评价。如果个体把考试与自己的前途、命运相连，其焦虑程度必然就高。

知识储备不足。学生没有学好功课或复习不充分是引起考试焦虑的直接原因。

以往的考试经历和体验。当学生在过去的考试过程中积累了对失败的恐惧和对考试的消极态度时，考试情境变得有威胁性，从而对考试顾虑重重，失去信心。

人格特征。人格特征不同，每个人面对考试情境产生的反应强度、情绪体验的程度及转变速度也不一样。

应对之道

注意和孩子沟通时的用语。 每个孩子都是与众不同的个体。如果总拿自己的孩子和别人的孩子进行比较，或者说一些否定孩子人格的话，会严重降低孩子的自我效能感，引发孩子的焦虑情绪。因此，在和孩子沟通的过程中，家长要讲究语言的艺术，有事情多和孩子商量，相互尊重。

确定适当的期望值。 家长的期望水平对子女的学业和成长有很大的影响。适度的期望有利于增强孩子的自信心、进取心，是进步的动力。例如，孩子当前数学成绩处于班级中等水平，通常在80分左右。家长期望他在本学期末的数学考试中能够达到85分，这一目标既非遥不可及、避免给孩子造成重压，又能有效激励他增强学习动力，更加专注于学业。

引导孩子正确看待考试，避免过度焦虑。 考试的目的是检验知识的掌握程度，是对孩子一段时间内学习情况的检验。考得不好，说明孩子在某些方面需要改进、查漏补缺。当然，考试的确意味着比较和评价，如果失败了，对孩子的自尊有一定的挑战。但是有些孩子将这种挑战无限放大。例如，"如果我没考好，说明我不如某某"等灾难化的想法在大脑里愈演愈烈。在紧张的状态下，孩子根本不能静下心来学习。想要跳出这个怪圈，最重要的是家长要意识到孩子的灾难化思维，并提醒孩子去及时调整。

引导孩子接纳自己的焦虑情绪。 心理学家耶克斯和多德森通过研究发现，我们承受的压力水平与成绩呈倒U形曲线的关系。耶克斯-多德森定律认为，人的表现水平会随着生理和心理唤醒的增加而提升，随后则开始下滑，且适度的唤醒可以让精神达到最佳状态，学习效果最好。压力过高和过低都不利于孩子

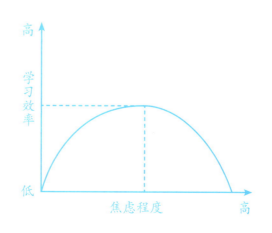

取得好成绩。因此，当孩子出现考试焦虑时，家长可以告诉孩子，产生焦虑情绪很正常，焦虑在带给我们烦恼和压力的同时，也有积极的一面。我们可以试着利用焦虑情绪帮助自己更好地复习，和焦虑共处，通过制订具体的计划完成当下目标。

要稳定自己的情绪。焦虑情绪是会传染的。事实上，很多时候，家长比孩子还焦虑，并一定程度上引发了孩子的考试焦虑。因此，在面对孩子的考试焦虑时，家长自我调节好情绪显得尤为重要。

尝试多鼓励和赞赏孩子。孩子之所以会出现考试焦虑，在很大程度上是因为不自信。家长应该多鼓励和赞赏孩子，可以增强孩子的自信心，这对缓解孩子的焦虑情绪有很大的帮助。

引导孩子合理地宣泄情绪。焦虑情绪是机体压力的内在反应。在面对考试压力时，家长可以引导孩子通过体育锻炼、休闲娱乐等方式宣泄自己的紧张情绪，达到考试缓压的目的。

心理小贴士

三种方法助力调节情绪与应对挑战

自我暗示法：积极的自我暗示能唤起人的良好情绪，增强信心。但很多时候，我们用错了自我暗示的方式。例如，我们在紧张时会安慰自己"不要紧张，不要紧张"，但往往这时会越来越紧张，试着用正面情绪的语言跟自己说，"我可以的，静下心来，试试看"，进而让自己放松下来。

放松法（呼吸训练法）：呼吸训练是以有规律的腹式深呼吸来达到减压效果的一种方式。在运用过程中首先慢慢吸气，吸足后停顿3秒，再慢慢地呼气，一次呼吸为一动。建议每次做15~20动，每天做2~3次。这个方法运用起来简单、方便，在课堂、考场、上台演讲等场合均可以使用。

倾诉法：如果因考试焦虑而产生的不安已经影响到孩子的生活，且通过自身的调节无法得到缓解，家长可以引导孩子把烦恼与家人、老师、同学聊一聊，听一听大家的想法和建议。

每天学点心理学：小学生心理健康知识手册

05
情绪不稳定是一种病吗?

小孙是一名三年级学生,因为父母间歇性的吵架、班级变动等因素导致不适应,最近有些许厌学情绪,而且偶尔伴随着暴躁和不安。小孙总觉得有负面情绪在影响自己,他经常感到沮丧和烦躁。在一次与父母争吵的过程中,小孙对着父母发脾气,憋不住终于大哭了一场。小孙的父  母这才察觉到孩子的不对劲,询问并安抚他。小孙停止了哭泣,却压抑着自己的情绪和想要表达的想法。现在的小孙没有之前那么乐观开朗,上学变得磨磨蹭蹭。老师也反映,小孙经常晚交作业,而且不和同学交往,性格孤僻等。对此,小孙的父母意识到孩子的问题比较严重,想向专业人士求助。

心理解读

案例中的小孙存在厌学、易怒、情绪不稳定等情况。近期,小孙的"怒点"较低,习惯用发脾气应对生活中的不如意。这是他的一种情绪表达和社交方式。但这种方式给小孙及家人带来了困扰,值得关注。

什么是情绪不稳定?

情绪不稳定,一般是指人的心境变化反复无常,忽高忽低。比如,情感表现活动显著增强,但是又突然变得暴躁易怒。并不是所有的情绪不稳定都是心理疾病，每个孩子的脾气性格不一样，且受遗传因素影响。然而，儿童情绪喜怒无常，可能会引发焦虑、抑郁等不良情绪，甚至引发其他不良反应。

情绪和行为问题是儿童较常见的心理问题。我国心理学家对2010—2020年我国内地小学生心理问题检出率的元分析显示，小学生存在较多的情绪和行为问题，如小学生抑郁和焦虑的检出率分别为14.6%和12.3%。儿童情绪和行为问题因其较高的发生率及对儿童家庭、学校、社会生活的影响，引起了心理卫生工作者的极大重视。儿童因为神经系统发育不完全，再加上欠缺控制情绪的能力，就会表现得喜怒无常。除情绪不稳定外，儿童还可能有其他表现，如幻听、妄想、极度焦虑、抑郁等，甚至可能导致精神疾病，需引起重视。因此，家长也要引导孩子学会情绪管理。

情绪不稳定的危害

对身心造成影响。人有喜怒哀乐，偶尔发脾气是一个人的正常表现，但是，如果频繁地发脾气，就可能会对身心有所影响。当人们发脾气时，肾上腺功能水平会升高，还可能出现心率加快、血压升高、肌肉收紧等不稳定的情况。

对儿童成长造成影响。情绪变化也许只源于一个很小的诱因，但若未妥善处置，很可能会导致病态情绪。儿童正处于身心发展不平衡的阶段，个性和世界观、人生观、价值观都尚未定型，对情绪的处理经验不足。儿童在这个阶段受到的情绪困扰，家长应尤其重视，否则会对孩子成长造成不利影响。比如，孩子可能会出现性格扭曲，严重的可能会造成不可挽回的破坏性局面和损失。除此之外，儿童发脾气会影响生长发育，可能会导致孩子成长发育滞后，并且诱导一些疾病的发生。

导致情绪不稳定的原因

因挫折引发情绪问题。孩子在成长过程中可能会因遇到困难和挫折而产生一系列情绪问题。发生的不良情绪以焦虑、自卑、易怒、强迫、恐惧、抑郁和冷漠为主。

父母情绪传染所致。很多父母发脾气的"导火索"其实与孩子无关，根源在于他们自己。心理学上有一个名词叫作"踢猫效应"。"踢猫效应"描绘的是一种坏情绪的传染，且这种传染会沿着等级和强弱组成的社会关系链条依次传递。当一个人的不良行为或负面情绪传染给其他人时，其他人也可能通过模仿或对抗来延续这种不良行为或情绪，从而形成一个恶性循环。在家庭教育中，如果父母把坏情绪转嫁给孩子，出现"踢猫效应"，这对孩子的伤害是极大的。

学业压力大。随着学生学业压力越来越大。有时父母的焦虑会传递到孩子身上，使儿童在多重压力下形成不良情绪，又或是进入一种自我保护的状态，从而压抑自己的情绪。

儿童自身发展特点。儿童自身心智发展不成熟，仍处于学习和听从阶段，在处理问题时易受周围环境的影响。同时，受有限辨别能力和情绪管理能力的影响，儿童在处理事情时容易出现情绪波动。

应对之道

父母控制自身情绪。为人父母，如果缺乏自我觉察的意识，缺乏容忍的态度，折射在孩子身上，将对他们的未来产生巨大的负面影响，可能会直接影响到他们的行为模式、学习能力、创造能力、人际关系以及获取幸福的能力等。因此，家长需要学会控制情绪，成为孩子的榜样，引导孩子培养情绪管理能力。

重视孩子的内在需求。从儿童发展理论来说，儿童对人际关系和自我成长等往往有强烈的内在诉求。然而，由于家长的繁忙和老师的疏忽等，很多孩子得不到应有的关心，进而出现自我效能感低、自卑等情绪问题。因此，家长应该多给予孩子关心和爱，引导他们树立自信心，鼓励他们积极面对生活。

培养儿童的情绪管理能力。一方面，家长可以引导孩子合理宣泄。人生不如意事十之八九，家长可以引导孩子向亲近的人倾诉，把难受、苦闷、抑郁的事情一吐为快，也可以引导孩子采用写日记的方式，对负面情绪进行宣泄。另一方面，家长可以教孩子一些简单的情绪调节法，比如，呼吸放松调节法、音乐调节法、运动宣泄调节法以及暗示调节法。

心理小贴士

利用理性情绪行为疗法来看待自己的人生

只是评价、衡量自己的想法、感觉和行为是否达到了自己的目标和目的；不要评判自己的性格、自己的人生、自己的本质或者自己整个人。小心自己所用的语言，尤其是那些以偏概全的语言。观察，并且警惕这些语言对自己的暗示：

● "因为我这次失败了，也许这几次都失败了，所以以后我会一直失败。"

● "因为我在这个重要的任务中失败了，所以我就是个不折不扣的失败者。"

● "因为我本来可以做得更好，而我却没能做到那么好，所以我不仅应该为自己的糟糕行为负责，而且也是一个糟糕的、没有能力的废物。"

● "因为其他人对我不好，所以我对他们充满了愤怒。"

其实，我们在生活中可以采用更为理性的方式表述，如，"尽管我在这个重要的任务中失败了，但是我在某些任务上做得还是不错的，所以，此次失败并不是我个人的能力问题，而是我准备不足导致。如果我准备充分了，相信结果会不一样"。

孩子自卑，属于心理疾病吗？

案例导入

小明的身高比同学矮一些，他总是被叫成"小矮子"。而且小明的家庭经济条件一般，父母几乎不给他买好看的文具，身上穿的衣服总是十分破旧。小明也曾经跟父母提出想要一套新衣服，但被父母以经济条件不好为由拒绝了。小明的父母还经常因为工作忙，不能陪伴他。久而久之，小明变得越来越沉默，不和同学交流，甚至害怕参加集体活动。他上课不敢主动发言，有时候还会紧张到说不出话来，总是觉得自己不如别人。

心理解读

在现实生活中，有部分孩子会和小明一样，由于身高、容貌和体重等问题产生自卑心理，并且家庭经济条件不好的孩子尤其明显。

什么是自卑？

从心理学角度来说，自卑是由于感觉到自己不如他人而产生的一种自我体验，来源于不能接纳自己。自我接纳是指接纳和认可自己的全部身份、特点、情感和经历，包括自己的优点和缺点、过去的错误和失败、自己的感受和欲望。而且这份接纳是无条件的，即无论自己的行为表现如何，别人对自己的评价如何，个体都能够全面地、无条件地接纳自己。

自卑的表现

认知方面：总是贬低自己，对自己的评价总是很低，无法客观地看待自己。自卑的人往往看不到自己的优点，会过分关注自己的缺点。

情绪情感方面：悲观失望，情绪低落；多愁善感，敏感多疑。

行为方面：自我封闭，回避交往；行为畏缩，谨小慎微；爱慕虚荣，虚张声势。

自卑的危害

较多的负性情绪和逃避行为。自卑的孩子不能够正确认识自己，一般对自己评价过低。他们往往幸福感较低，容易出现焦虑、抑郁等心理问题。他们遇到挫折时，会以一种消极的态度去看待结果和评价自己，甚至怀疑自己的能力；再遇到类似的事情时，他们会犹豫不决，甚至选择逃避这种消极的方式应对。孩子的能力是在挫折与失败中锻炼起来的。孩子如果一味地逃避，就无法有效地培养面对事情的能力。

不利于培养良好的人际关系。自卑的人会害怕因自己的某些缺点而被看轻，在交往过程中往往表现出敏感多疑、不主动或者不自信等特点。因此，他们容易出现自我封闭、逃避人际交往等问题，不利于良好人际关系的建立。

对学习造成不良影响。自卑的孩子往往自尊水平偏低，容易对自己的形象、能力等进行全盘否定。在学习过程中，多数孩子会因为担心学不好而害怕学习，容易出现厌学等问题。也有少数学生希望通过学习提高自我效能感，这部分孩子可能非常在意分数，但对于学习能力的提升却并不关注。

影响家庭和谐。自卑的孩子大部分是因为在其成长过程中，父母没有引导他们建立很好的自信心，缺乏鼓励式教育。在这种环境下成长的孩子，往往会认为自己很差，父母也不喜欢自己，可能会抗拒与父母沟通。而在一个家庭中，缺乏有效的沟通交流，不利于家庭和谐与家庭关系的建立。

自卑的形成原因

对自己外貌的不认同。一项研究表明，大多数小学生自卑是由于外貌条件引起的。在日常生活中，身高较高和外貌良好的孩子会更多地得到家长和同学的夸赞和关注。这使得身高不高或长相平平的小学生对自己的形象产生怀疑，容易自卑。处于小学阶段的孩子，会认为外部条件是他人对自己评价的全部来源，意识不到他人的评价还可以从其他角度出发。所以，那些外貌或者身材没有优势的孩子更容易自卑。

对自己能力的归因偏差。 在日常生活中遇到失败和挫折是常有的事。造成失败的原因可能有个人因素，也可能存在不可抗拒的外部因素。然而，有些学生常常把这种失败和挫折归因于自己的能力不足，这会增强他们的挫败体验，容易自卑。

缺乏积极引导。 家庭是孩子最早接触到的教育环境，也是孩子成长和社会化的主要场所之一。处于小学阶段的孩子对家庭的依赖较多，他们很多的观念和想法来自父母，他们对于自己的评价和态度，也大多来自父母的评价和态度。自尊心是孩子自信的源泉。如果孩子在生活中遇到挫折时，父母没有及时注意或者一味打击，就会挫伤孩子的自尊心，导致其自卑。

同伴关系的负性强化。 同伴关系是指与同龄人或心理发展水平相当的个体在交往中建立和发展起来的一种人际关系。在青少年儿童阶段，同伴关系对于个体的发展与成长，包括自我接纳具有较大的影响。在孩子与他人交往的过程中，同伴的态度和行为，会对孩子的自我评价产生影响。如果同伴总是嫌弃或嘲笑自己，孩子就会产生自我怀疑，认为自己就是不受欢迎的，形成错误的自我评价，从而产生自卑心理。

应对之道

引导孩子学会悦纳自己。 父母要让孩子知道，没有人是完美的，每个人都有缺点。家长可以在闲暇时给孩子讲一些成功人物的故事，再与孩子一起讨论，这个人物的优缺点是什么，进一步引导孩子认识到成功人物也是有缺点的；也要让孩子认识到，有缺点并不可怕，要学会接纳自己的不完美，拥抱不完美但幸福的人生。

增加孩子的巅峰体验。 巅峰体验是指人们在追求自我实现的过程中，满足基本需求后，达到自我实现时感受到的短暂的、豁达的、极乐的体验。巅峰体验可以让孩子获得更多的认同感，进而建立起良好的自信心。因此，在日常生活或学习中，家长可以根据孩子的特点，布置一些与之能力匹配的任务，增加孩子获得成功体验的机会，增强其处理问题的信心。例如，孩子在学习乐器时，先鼓励他学会弹奏一首简单的曲子，然后逐渐增加难度，每学会一首新曲子，孩子会获得一种满足感。此外，家长也可以为他们提供展示的机会。比如，在家里举办小型的才艺展示会，邀请亲戚朋友来观看，或者鼓励孩子参加学校的文艺汇演、社区的文化活动等，让孩子获得认同感，这种感觉的积累有助于产生巅峰体验。

引导孩子进行合理归因。父母应引导孩子对自身行为进行合理归因。"失败是自己的能力问题，成功是运气"是自卑孩子的常见归因模式。该归因模式的主要问题是，自卑的孩子片面夸大了自身因素在失败中的影响或者降低了自身因素在成功中的影响。当孩子遇到挫折时，父母可以引导孩子看到自身问题的同时，还要看到外部因素的作用；当孩子取得成功时，家长应引导他们关注自身的能力和努力，有助于他们提升自信心。

营造安全的交往环境。家长是孩子依赖的对象，孩子的自我认知大多来自家长，所以在孩子成长和学习过程中，家长要尽量多使用鼓励式的言语，增强孩子的自信心。在面对孩子的优点时，家长要进行赞美和表扬，让他们深刻地感觉到自己是很棒的；面对缺点时，家长也不要太过严厉地苛责，要给予他们正确的指导，帮助他们接受并改正自己的缺点。家长应为孩子营造一个轻松愉悦的生活环境，减轻孩子的压力，培养他们的自尊心、自信心。孩子在此情况下可以大胆地尝试，在实践中获得成就感，进而克服自卑心理。

心理小贴士

萨提亚治疗模式：通过沟通提升孩子自尊

面对孩子的自卑心理，萨提亚治疗模式是一个有效的干预方法。其中，沟通是萨提亚治疗模式中一个重要板块。萨提亚模式倡导的是一种表里一致的沟通方式，比如说，我们在看到孩子因为考试成绩不理想，回到家后闷闷不乐的时候，我们可以跟孩子进行如下沟通：

"妈妈/爸爸看到了你的不开心，我很担心。妈妈/爸爸知道你一直很努力，你也希望自己能够取得好成绩，你可以和妈妈/爸爸分享一下你现在的心情或者想法吗？我们可以一起来分析问题出在了哪里，一起探讨解决办法，好吗？"

以这样的方式与孩子进行沟通，可以让孩子感受到平等和尊重，有助于提高孩子自尊感，避免自卑。

每天学点心理学：小学生心理健康知识手册

第二篇
自我篇

07

孩子爱当"跟屁虫"，
如何培养独立性？

案例导入

小李今年读小学三年级，性格比较内向。小时候，小李在走路时，就喜欢让大人搀扶；在吃饭时，总让大人喂，不自己独立吃饭。上小学后，他总跟在同学后面模仿学习。比如，学校组织画蝴蝶活动，别的同学把蝴蝶翅膀画成蓝色，小李也把蝴蝶翅膀画成蓝色；做选择时，他也通常跟着其他同学；每次学校组织活动，小李无法独立完成任务，总是依靠同学或老师的帮助；回到家写作业时，他总是依赖于父母的讲解，不尝试自己独立思考。久而久之，小李每次遇到困难，总是先求助他人，而不是自己先尝试。而小李的父母觉得，这样帮助小李没有什么不对，从而导致小李现在无法独立思考，总是依赖他人，对他人的观点盲目顺从。

心理解读

在现实生活中，有不少孩子和小李一样喜欢当个"跟屁虫"。他们缺乏独立性，总是跟在他人身后走他人走过的"路"；依赖于他人的帮助，缺少自己独立思考的过程，容易受他人选择的影响。

什么是独立性？

韩非子曾有言，"恃人不如自恃也，明于人之为己者不如己之自为也"，指出了自立自强的重要性。独立性是指不受他人影响、不依赖他人，依靠自己的认知和信念，凭借自己的能力去完成某件事情。其本质有三点：一是可以自己作决定并且执行该决定；二是自己所作出的决定是符合社会行为规范的；三是自己具有调节自身行为的能力。

缺乏独立性的危害

缺乏独立性的孩子在成长道路上会表现出一些缺陷，既不利于自身的发展，也不利于培养良好的人际关系。

不利于思维能力的发展。小学是锻炼思维能力的重要阶段，孩子通过独立思考与实践，锻炼和培养思维能力。可是，孩子如果过度依赖家长、老师和同学，就会缺乏思考和实践能力，进而导致思维能力得不到良好的发展。

缺乏创造性。独立性与创造性的发展密不可分。如果孩子缺乏独立性，总是依赖于他人的想法，无法产生独有的创新想法，那么不利于孩子创造性能力的培养。

缺乏自信，遇到困难会退缩。习惯依赖家长和老师的孩子，在遇到困难时，常常会感到无措，甚至会产生退缩行为，他们的第一反应是寻求帮助，难以体验到独立克服困难的成功感，不利于孩子自信心的建立。

人际交往能力差。孩子缺少独立性，总是依靠家长和老师的帮助，既不会积极交流，也不会主动帮助他人，无法做到与同伴互帮互助。有时候，他们还会因为过于依赖自己的同伴，给同伴带来压力和麻烦，进而对自己的人际关系造成不良影响。

影响孩子独立性发展的因素

孩子的个性因素。有心理学家提出了场依存性和场独立性两个概念。场依存性个体倾向于依赖外在信息，而场独立性个体更倾向于依靠自身。研究表明，场依存性的孩子较场独立性的孩子缺乏独立性。换句话说，依赖性强的孩子比独立性强的孩子更易受他人意见的影响和干扰。

父母不当的教育方式。如果父母对孩子的行为进行过多约束，孩子可能因为害怕犯错而不敢尝试新事物，从而限制了孩子独立性的发展。而且，父母对孩子的行为控制过多，不利于孩子自我控制水平的发展，进而影响独立性的培养。

独立思考与锻炼机会的缺失。在一些家庭中，孩子可能因为父母过度保护而缺少独立思考的机会。家长以为这是为孩子好，其实从根本上来说，这是在抹杀孩子的独立意识，只会让孩子更加依赖家长，让孩子认为什么事情都有"捷径"可以走，从而放弃依靠自己，慢慢地变成一个"跟屁虫"。

应对之道

父母需要学会放手。在孩子成长过程中，父母应该选择适当放手，而不是为孩子准备好一切，让其过度依赖。例如，孩子学习穿衣服时，父母不应过度干预，而要鼓励其独立完成。父母应该耐心地给孩子时间和空间，让他们独自发现问题，并且自己解决，必要时可以适当地提示孩子。这样的方式更加有助于培养孩子独立性。

培养孩子制订计划的能力。父母应有意识地培养孩子确立目标、制订计划并独立执行的能力。这不仅可以提高孩子的生活和学习效率，也有利于培养孩子独立思考和实践的能力。例如，父母可以与孩子一起制订一周的计划清单，当孩子完成任务，及时给予奖励。

鼓励孩子独立完成日常任务。家长应鼓励孩子自己动手，力所能及地完成日常任务。比如，整理自己的房间、书桌和课本；洗自己的小袜子；帮父母一起打扫房间；等等。每次完成任务后，家长可以给予孩子鼓励和点赞。这样既能培养孩子的独立能力，又能帮助孩子养成好习惯并坚持下去。

增加孩子的社交活动。家长应该多带孩子出去旅游或者参与社交，让孩子有机会独立完成任务或结交新朋友。这样的经历既可以丰富孩子的社交活动，又可以提升其独立性。例如，父母可以在节假日和孩子一起去游乐园玩耍，也可以在一个较长的假期中，与孩子进行一次短暂的旅行，这些都可以培养孩子的独立性。

每天学点心理学：小学生心理健康知识手册

心理小贴士

家庭教育缺失与"巨婴"现象

如今，部分大学生出现了"巨婴"现象。所谓"巨婴"，指的是心理水平处于"婴儿"水平的成年人。他们缺乏独立和明辨是非的能力，总是听信他人，遇事会退缩，只关注自身情绪，希望他人迁就自己。

大学生之所以成为"巨婴"，是因为在家庭教育中，父母从孩子幼年起就一手包办所有事情，让孩子完全处于"无菌"环境中，缺乏独立思考和解决问题的机会。在这样的环境下，孩子从小就被剥夺了锻炼独立性的机会，以致长大之后变成了"巨婴"。

因此，在孩子小的时候，家长就应注重其独立性的培养，且这种能力的培养不能急于求成，家长必须拥有持久的恒心和耐心，并给予充分的投入。

重自我，轻集体，
如何培养家国情怀？

小学生小刘是一位狂热的追星族，但是，她所追捧的并非本国的英雄人物，而是一些外国明星。日常生活中，她特别喜欢看国外的影视剧，热衷于国外的节日。对我国的传统节日，她却不感兴趣，觉得从小到大已经过腻了。

到了小学六年级，小刘萌生了出国的想法。但她的家庭经济条件不是很好，根本无法承担她的出国费用。父母也认为小刘年龄太小，不适合出国，就拒绝了小刘的要求。可是，小刘既不在意自己家庭是否负担得起高昂的出国费用，也不体谅父母的良苦用心。她和家人大吵大闹，甚至做出逃课、离家出走等荒唐之举。为帮助小刘摒弃这些不良思想，小刘的父母联系了心理咨询师，以帮助她回到了正常生活的轨道。

心理解读

在日常生活中，部分孩子和小刘有着一样的心理问题，虽然没有小刘这么严重，但也是埋在父母和孩子内心的一个隐患。随着国外文化涌入中国，中小学生受到很大影响。面对与我国传统文化不同的"欧美""日韩"等文化涌入，对分辨是非能力较弱的小学生来说是一个挑战。部分青少年会因此变得崇洋媚外，缺乏文化自信。

青少年是祖国未来的栋梁，如果家长和老师在孩子滋生错误观念初期没有及时制止，就会让孩子在错误的道路上越走越远。因此，家长要与老师协作，共同培养青少年的家国情怀，这将有助于青少年自身的成长和国家的发展。

什么是家国情怀？

家国情怀是一种深厚且崇高的情感与精神，贯穿于个人对国家的认知、情感和行为实践中，在不同时代展现出特定内涵与价值。其内涵主要涉及家与国的关系、个人与家庭及国家的互动等多方面内容，对个人成长、社会风气培育、国家发展等都具有重要意义。因此，如何在家庭中为孩子创建、培养家国情怀，是每位家长的必修课。

缺乏家国情怀的危害

对国家发展不利。孩子是一个国家和民族的希望。培养家国情怀可以帮助孩子形成民族认同感，增强他们的国家荣誉感和责任感。缺乏家国情怀可能导致学生缺乏文化认同，容易被外来的错误信息影响。长此以往，孩子们可能出现崇洋媚外的心态，这对国家的人才培养十分不利。

对个人的生活不利。缺乏家国情怀的个体在面对其他国家的不实言论时，很容易被言语欺骗，不再维护事实言论。在这样的思想下，个体可能对自己的国家产生不满的消极情绪，进而发展成行为上的不作为或乱作为，最终影响自己的生活。

影响家国情怀培育的因素

外来文化的涌入。国外文化的涌入导致部分学生的价值观动摇，这是因为青少年的认知不太成熟，容易受外来文化的影响。

"填鸭式"教育，忽视家国情怀的培育。"填鸭式"教育导致当前教育出现重视智育、轻视德育的现状，导致部分青少年表现出家国情怀的缺失。

复杂的外界环境。针对当前复杂的国际环境，社会中存在煽动国外势力的不良动机人群，他们对未成年人进行错误引导，导致未成年人出现认知偏差。

应对之道

父母要以身作则。 父母作为陪伴孩子时间最长的角色，在孩子成长过程中起着十分重要的作用。父母的观念或做法会潜移默化地影响孩子。当遇到网上或社会上对我国的不实言论时，父母要及时向孩子澄清事实，并主动对孩子进行科普。此外，父母可以在闲暇之余带孩子去感受我国的优秀传统文化和科技文明，培养孩子的家国情怀。例如，带孩子去博物馆看看我国的四大发明，陪伴孩子阅读四大名著等，让孩子感受我国博大精深的文化，进而增强孩子对传统文化的认同感，从而培养爱国情怀。积极向上的家庭教育可以培养孩子的家国意识和集体意识。

学校开展爱国主义教育。 除了家长引导外，孩子在学校的时间是较长的。学校除了对课本知识的传授，更应该培养孩子分辨是非的能力，培养孩子的文化自信和民族自信，以防孩子被错误的信息带偏，产生抹黑国家的言行举止。一方面，老师通过课本知识给孩子传递正确的价值观；另一方面，学校应该多组织一些能培养孩子家国情怀的活动，例如，参观红色纪念馆，带他们了解革命历史，学习革命先辈的崇高品格。

引导孩子分辨不实言论。 对于其他国家对我国的刻意抹黑，孩子很有可能被不实言论所蒙骗。家长要时刻关注孩子的言行举止，防止他们受到不良思想的"迫害"。当孩子出现不正确的思想时，家长应该及时纠正。

心理小贴士

内外合力，培养家国情怀

家国情怀的培养应建立在内在输入和外在输出基础之上。家长在培养孩子的家国情怀时，可以结合平时的言传身教和孩子自身的实践，帮助孩子将内心的集体感变成外在的行动，培养孩子辨明是非的能力。例如，通过"重走长征路"或聆听红色故事等活动，培养孩子的家国情怀。

每天学点心理学：小学生心理健康知识手册

输不起伤不起，如何提高抗挫力？

小张学习刻苦，成绩优异，经常得到班主任的表扬。然而，在一次月考中，小张成绩下滑得比较严重。看到班主任表扬进步较大的学生，小张非常难过，觉得老师不喜欢自己，甚至都不想去上学了。后来，在父母的多次劝导及班主任的承诺下，小张才答应去上学。可自那以后，小张总是不太开心，学习时难以集中精力，生怕掉队。

心理解读

案例中的小张属于抗挫力不足的典型代表。一般而言，面对与同伴的竞争，孩子希望自己能够做得比别人好，并得到大家的肯定。由于年龄因素与认知不成熟的特点，有些小学生在面对挫折时容易否定自我，甚至出现"厌学""罢学""逃课"等不良行为。因此，培养小学生的抗挫力便显得尤为重要。

什么是抗挫力？

抗挫力是人们抵抗、应对和适应挫折的能力。生活中的挑战无处不在，良好的抗挫力能使孩子有能力面对挫折与挑战，维护孩子的身心健康，提升生活幸福感。

抗挫力不足的危害

易出现情绪问题，不利于任务完成。孩子在面对困难时，抗挫力不足可能导致焦虑、愤怒、抑郁等情绪问题，对任务达成会产生阻滞作用，进而导

第二篇 自我篇——

致任务目标难以达成。

害怕面对挑战，能力难以得到培养。挫折在让个体痛苦的同时，也给予个体成长的机会。抗挫力不足会导致孩子缺乏面对挑战的勇气。他们害怕面对挑战，更希望自己待在舒适区中，不利于能力的培养与提升。

影响抗挫力的因素

缺乏心理复原力。复原力是指个体在面对挑战性或威胁性的情况下，成功适应该情况的过程、能力或结果。在面对挫折时，有些孩子因为挫折表现出消极情绪；而有些孩子遇到挫折会越战越勇，很快恢复并继续前进，这都源于孩子自身复原力的强弱。缺乏复原力的孩子会因为一些压力和挫折而倒地不起，这对于他们的全面发展是不利的，容易形成输不起的性格。

自我期望过高。自我期望过高的孩子在面对任务时会设定较高的要求，在任务实施过程中一旦出现难以实现的预期目标，就容易经历挫折并体验到较强的挫败感，降低了个体的挫折适应能力。

不懂如何释放消极情绪。面对挫折，孩子难免会感受到压力，变得紧张等。由于孩子年龄较小，处理消极情绪的能力有限，负面情绪就容易积压在心中，影响个体的理解、分析、解决问题的能力，降低了个体的挫折适应能力。

应对之道

训练孩子的抗挫力。挫折相当于一种挑战。在日常生活中，父母可以适当增加孩子应对挑战的机会，并进行抗挫力训练。比如，面对失败时，家长要让孩子明白，过程可能比结果更重要，进而缓解挫折结果可能带来的挫败感，提升其抗挫能力。

帮助孩子树立合理期望。当孩子出现了与自身能力不匹配的期望时，家长应该帮助孩子认清自己的能力水平，帮助他们树立一个合理的期望，以减少挫败经历，或缓解因挫折带来的挫败感。

让孩子学会自我调节。家长在教育过程中需要帮助孩子找到自身释放情绪的出口，让他们以更好的状态应对挑战，提升抗挫力。例如，面对挫折时，部分孩子可能体验到较多的负面情绪，家长可以让孩子通过运动或深呼吸等方式来调节情绪，进而引导孩子以更为理性的态度应对挫折，提升其抗挫能力。

心理小贴士

培养抗挫力，学会积极面对挑战

《小鲤鱼历险记》是一部充满了奇幻冒险与挑战的动画片。小鲤鱼泡泡在家乡遭到破坏后远走他乡，结识了很多小伙伴，与他们齐心协力打败了癞皮蛇，重建家园。

该作品有以下启示：一是面对挫折的积极态度。泡泡经常遇到各种挫折和困难，但它总是以乐观和积极的态度去面对。二是泡泡从不畏惧困难，凭借着自己的执着精神克服了重重难关。这可以让孩子认识到执着的力量，并且勇于面对困难并战胜挫折。三是团队合作。泡泡信任自己的每一位朋友，也不会在危险的时候抛弃伙伴，总是和朋友们互相帮助，共同克服困难。这可以帮助小学生学会珍惜友谊，尊重他人，并在团队中发挥自己的作用，共同面对挫折和困难。

10

独享傲慢争执多，
如何播种利他心？

案例导入

在偏远的乡村，有些儿童因为父母外出打工，家中的老人身体不好，只能被送到寄宿学校。在学校，小明就像个小霸王，什么都争强好胜。在食堂，他会直接拿起食堂阿姨的勺子打菜；平时走路横冲直撞，从来不顾及别人感受；在看到其他小朋友带来的零食时，他会抢走自己喜欢吃的；他会习惯性的把垃圾丢在地上，完全不考虑值日同学的辛苦。还有一次，他把同学的被子丢到地上，只因为这位同学的被子角搭在了他的床上。小明的同学们非常不喜欢他的诸多行为，不愿意跟他交朋友。小明为此也比较苦恼。

心理解读

案例中的小明在生活中不顾及他人想法，只关心自己的需求有没有被满足，表现出自私傲慢，属于亲社会行为匮乏的表现。

什么是亲社会行为？

亲社会行为属于利他行为，是指人们在共同的社会生活中表现出的类似互助、谦让、分享、合作、安慰、捐赠等行为。亲社会行为是人与人之间在交往过程中维护良好关系的重要基础，对个体一生的发展意义重大。

青少年亲社会行为缺失的危害

个人或社会信任感缺失。亲社会行为能够预测信任感。对于一些亲社会行为缺失的青少年来说，助人、分享等亲社会行为很少见。然而，人与人之间的信任正是建立在助人、分享等良性互动基础上的。因此，缺失亲社会行为会导致个体间存在信任问题，而信任感的缺失会导致个体间的交往、合作存在困难。

不利于和谐社会的发展。缺失亲社会行为的青少年缺乏换位思考和共情能力，对于他人的求助会表现出冷漠、不理不睬的态度。这种行为易导致孩子出现人际关系问题，不利于互助意识的培养与和谐社会的发展。

不利于团队合作。人类具有群居性和社会性，与他人的合作与团结必不可少，有效的协同合作可以很好地处理一些复杂问题，并且可以提高完成任务的效率。而缺失亲社会行为的青少年会回避与他人的沟通、交往与合作，其合作意识淡薄且缺乏团队精神，常常以自我为中心，不关注他人的想法与情绪。这样既会导致孩子缺乏沟通，社交能力下降，也会使得团队合作不能顺利进行。

青少年亲社会行为缺失的原因

个体的自负心理。部分青少年会产生自负心理，认为自己各方面都优于同龄人，比他人更有价值，而不在乎别人的想法和感受，导致亲社会行为缺失。

父母不当的教养方式。在竞争激烈的社会环境中，有些父母只关注孩子的学习成绩。孩子缺乏课外实践，导致亲社会行为能力没有得到有效培养与发展。此外，父母的言行失范，如只关注自身利益、不愿意合作等，易导致孩子不愿意与他人合作，缺乏亲社会行为。

过分强调竞争的社会环境。当今社会竞争激烈，过度强调竞争对青少年的身心发展不利。孩子在竞争中很有可能产生嫉妒等不良心理，进而减少利他行为。

应对之道

合理引导孩子，激励亲社会行为。在日常生活中，家长可以通过讲述故事、带孩子参加相关活动等形式，让孩子明白亲社会行为的含义及其重要性。同时，家长要对孩子进行亲社会行为引导。例如，家长可以采取激励和肯定的方式，鼓励孩子的亲社会行为；面对孩子的自私行为，要及时批评指正，让孩子明白自私给自己和他人带来的消极影响。

鼓励孩子学会合作。合作与竞争是两个相互联系的词。家长要让孩子明白，合作可以促进双方更好地发展，可以鼓励孩子参加一些团体活动，引导其从中感受到合作的必要性。

培养孩子的感恩品质。家长在进行家庭教育时，需要注意培养孩子的感恩之心。例如，通过重阳节、教师节等活动引导、培养孩子的感恩品质。

利用身边的事件，进行利他教育。生活中有许多实践利他行为的人，如为了人们的健康和安全而日夜操劳的一线医务人员，正是他们的无私奉献，换来了人民的健康。家长可以多向孩子讲述类似的事件，培养其为人民服务的利他之情。

父母言传身教。在日常生活中，父母可以通过孝敬老人、帮助邻里等方式，给孩子树立榜样，潜移默化地影响孩子，培养孩子的利他行为。

心理小贴士

团结互助，共同克服挑战

四大名著之一《西游记》中，唐僧、孙悟空、猪八戒和沙僧师徒四人构建了独树一帜的互助合作模式，展现了高度默契的团队协作精神。唐僧，作为团队的灵魂领袖，以他的慈悲为怀和沉稳心态，不仅持续为团队指引方向，还擅长倾听每位成员的心声，适时给予精神上的慰藉与策略上的指导。孙悟空，凭借其超凡的智慧与无双的武艺，成为团队中的智囊与保护者，屡次在危急关头运用智慧与力量，化险为夷。猪八戒，尽管时常显得懒散且贪嘴，但在关键时刻从不掉链子，展现出对师傅的无比忠诚与勇敢无畏的一面，用实际行动守护团队的安全。沙僧，则是团队中的默默奉献者，他以耐心与无私，承担起艰巨的任务，不计回报，为团队的稳定与前行奠定了坚实的基础。

他们之间的关系，是基于深厚信任与相互扶持而建立的，这种团队精神使他们在遭遇重重考验时，能够团结一致，共同面对。这段传奇旅程深刻地启迪我们：在面对生活的艰难险阻时，个人的力量固然重要，但团队的协作与共同努力才是战胜一切困难、实现目标的关键。

每天学点心理学：小学生心理健康知识手册

11

男孩动，女孩静，
如何差别抚育？

阳阳和莉莉是一对龙凤胎。作为生活在新时代的父母，阳阳和莉莉的爸爸妈妈从心底上认同男女平等的观念。因此，他们从不差别对待自己的一对儿女，不管是衣食住行，还是家庭教育，他们都是同等对待两个孩子。随着孩子不断长大，阳阳和莉莉的爸爸妈妈发现，孩子的成长和他们的预期出现了偏差。儿子阳阳作为一个小男生，也是莉莉的哥哥，遇到一点小事就哭鼻子。他快到上小学的年龄了，晚上还要爸爸或者妈妈陪着睡觉才能安心，非常依赖父母。女儿莉莉则淘气得像个男孩，经常把小伙伴打哭，总有家长来告状。在家里，莉莉也不喜欢黏着爸爸妈妈，平时很独立。"为什么明明是一样对待的，两个孩子的差别怎么会这么大呢？"孩子爸妈苦恼道。

心理解读

有些家庭可能和案例中一样，在孩子成长过程中，家长采取了无差别的育儿方式来教导子女，最终导致孩子的发展与自身期望相背离。因此，在儿女双全的家庭中，如何将子女养育好，成了众多家长关心的一大难题。

什么是差别抚育？

差别抚育是指父母在育儿过程中，考虑男孩女孩的性别不同而在抚育文化和观念上表现出的差异化。所谓"性别差异"，是指男女两性因遗传基因的不同而产生不同的生理和心理表现。男孩和女孩的差别是天然的，因而在教育过程中，家长不应该忽视这种差别。

为什么需要差别抚育？

男孩女孩的身体存在差异。通常来说，男孩的精力和体力相比女孩来说更加旺盛。尤其是低龄男孩更加淘气，经常调皮捣蛋、嬉戏打闹、蹦蹦跳跳，专注力不强。相比而言，女孩比较文静，不如男孩那么爱"闹腾"。

大脑发育及体内激素不同。研究表明，男性和女性的大脑中含有的胼胝体和血清素存在差异是导致男女性格不相同的主要原因。这种大脑发育的差别，早在胎儿时期就已经出现。随着孩子不断地成长，这种差异会越来越明显，主要体现在情感、智力、能力、责任感等方面。

对男孩女孩的社会期望存在差异。人们普遍认为，男孩活泼好动、好胜心强。家长教育男孩应该从心理上关注，行动上"忽视"，要给予其行动的自由，让他们在行动中学会勇敢。女孩天性敏感，比较在意别人的评价，所以父母平时要注意多向女孩传达正面的信息，以增强其自信心。

男孩女孩的心理存在差异。由于身体差异和社会期望差异，男孩女孩在心理特征上也存在差异。在情感特征方面，男孩更直接，女孩更复杂；在心理活动方面，男孩具有外倾性，他们开朗且善于交际；女孩更多偏向于情绪型、内倾型，比较文静、腼腆。男孩一般"粗放"一点，女孩相对"细腻"一些。比如，女孩对于友情会比男孩有更高的期待和更亲密的要求。遇到困难时，受到"男儿有泪不轻弹""男孩子要坚强"等传统观念的影响，男孩一般会比较"隐忍"，不太愿意向家长诉说；女孩则更愿意向父母、其他长辈或朋友倾诉。

应对之道

父母应注重差异化培养孩子的性格，如果不考虑孩子的性别，就会出现很多问题。因此，家长在孩子教育上应该根据性别不同而有所侧重，区别养育。

为孩子创造良好的家庭环境。无论男孩还是女孩，都需要一个温馨和谐的家庭

每天学点心理学：小学生心理健康知识手册

环境，才能够健康快乐地成长。实践证明，一个平和舒适的家庭环境，有助于孩子形成积极向上的人生态度。而不健康的家庭环境容易导致孩子出现心理问题，造成其生活及学习上的困难。父母平时应多向孩子表达爱意，让他们感受到关爱。

针对性育儿。由于男孩女孩性格特点不同，家长在育儿过程中，需要根据子女的性别进行区别教育。

对于男孩而言，家长首先可以适当地制订一些规矩，让男孩养成规律的作息习惯；然后可以给予男孩适当的成长空间，在生活中给予其一定的自主权，培养他们的担当能力和责任感；同时，根据男孩的语言能力等特点，可以培养其沟通能力与表达技能。

对于女孩而言，家长可以针对女孩独立性相对较弱的特点，在予以保护的基础上适当放手，给孩子独立锻炼的机会。此外，父母需要引导女孩学会理性思考，不要凭感觉行事。

心理小贴士

男孩女孩的教育：尊重差异，避免误区

男孩和女孩在身心发展方面存在差异，家长在其成长过程中应该采取不同的教育方式和抚养方式。电视剧《父母爱情》中的江德福和安杰夫妇，他们对孩子的教育方式恰到好处地展示了如何根据孩子的性别特点和个性进行因材施教。

对于儿子，他们怀揣着军人梦想，父亲江德福积极鼓励并引导他们追求这一理想。在这种支持下，两个儿子不仅成功实现了自己的梦想，还在军旅生涯中锤炼出了坚强的集体意识和责任感。而对于女儿，江德福和安杰则更加注重培养她们的独立性和自我认知能力，鼓励她们根据自己的兴趣爱好和个性特点去自由发展。

这种差异化的教育方式不仅体现了对孩子们性别差异的尊重，更有助于他们各自发挥优势、挖掘潜能。同时，这种教育方式也彰显了父母对孩子个性的深刻理解和尊重，为孩子们成长为独立、有责任感的人奠定了坚实的基础。

值得注意的是，差异化教育并非简单地基于性别划分，而是要在尊重每个孩子独特性的基础上，灵活调整教育方法和策略。只有这样，家长才能真正做到因材施教，引导每个孩子都能在自己的道路上熠熠生辉。

12

孩子过于肥胖被嘲笑，怎么办？

案例导入

小茹是一名小学三年级学生。由于比较肥胖，她从小在班上和同学比较疏远，也没有聊得来的朋友，性格非常内向。课间的时候，她看着同学们一起欢快地玩耍，非常羡慕。但是因为自己的体重，别说和同学们一起运动玩耍了，即便是多走几步，小茹也总是气喘吁吁的。有些不太友好的同学私底下给小茹取了"胖妞"之类的外号，使得小茹更加自卑。慢慢地，她变得不愿意去上学，不愿意与人交流，成绩也一路下滑。小茹的爸爸妈妈除了对女儿进行安慰，也不知道如何处理。一家人因为小茹的厌学行为和自暴自弃的情绪感到头疼。

心理解读

超重和肥胖是指损害健康的过量或异常脂肪累积。世卫组织调查研究发现，2022年全球已超过10亿人患有肥胖症，其中包括8.79亿成年人和约1.59亿儿童或青少年。中国肥胖人口形势同样不容乐观，肥胖已成为一个全球性的健康议题。与此同时，社会对肥胖和超重群体歧视较严重，体重污名已成为一种普遍的社会现象。

什么是体重污名？

体重污名是指对超重和肥胖群体的社会贬低，并导致对该群体的消极刻板印象和歧视。体重污名分为知觉到的体重污名和内化污名两种类型。前者常指公众会施加给超重和肥胖群体的消极评价和标签；后者则指被污名群体认同这种标签和刻板印象，认为自己身上确实具有懒惰、不努力等"不良特征"。体重污名可能还会导致社会对超重和肥胖群体的偏见、歧视，最终导致他们处于社会弱势地位。

体重污名的危害

易导致孩子心理压力大。超重和肥胖的儿童经常遭到来自他人的目光审视、言语侮辱及社会整体的消极判断，导致个体自尊、自我认同感以及自我效能感、幸福感等有所下降。肥胖儿童如果觉察到自身形象被排斥，就可能会增加心理压力，其难以排解的自卑可能导致隐性抑郁，进而影响生活和工作。

影响孩子学业。肥胖儿童在集体生活中常被起绰号、被欺凌和被歧视等，这会导致儿童产生自卑感，不敢参加一些集体活动。超重儿童往往具有较低的核心自我评价、较高的抑郁和焦虑水平，从而影响生活和学习。同时，肥胖儿童易出现疲劳和嗜睡等症状，导致上课精神不集中，影响学业。

影响家庭和谐。许多肥胖儿童容易自我封闭，不愿意参与集体活动，与家人的互动也很少。另外，肥胖及其相关疾病的治疗与干预，对家庭而言将是一笔不小的支出，给家庭增加财务负担，易引发家庭矛盾。

影响社会风气。"又懒又贪吃，胖得跟猪一样！""胖，就是犯罪。"以上种种，不仅包含着对肥胖者的否定、歧视和羞辱，而且包含着仅凭体型对一个人做出的"人格审判"，这对于肥胖儿童来说是很不公平的。很多青少年对于身边肥胖同学的歧视，不仅仅是外在的嘲笑和欺负，还包括内在的孤立和拒绝。因为一个人胖，就去嘲讽他、疏远他，认为他蠢笨、懒惰、无能。这种错误的认知除了伤害他人以外，对嘲笑者自身价值观的建立也有严重的影响，进而影响学校和社会风气。

体重污名的原因

肥胖的成因有很多，可能是生活中的一些坏习惯，如不合理的饮食、缺乏锻炼等，还可能源于遗传、代谢、社会、文化、个人心理等因素。那么哪些因素会影响到大众对于肥胖群体的看法呢？

群体差异。根据社会认同理论，个体会根据一定的分类标准把自己归类于某个群体，并与群体外的人群进行差异比较。在比较过程中，个体会通过贬低和歧视外群体而提升自己的自尊水平和群体地位。

社会中的审美偏见。近年来，社会上普遍存在一种"以瘦为美"的审美观念。这种观念通过日常生活、网络媒体、报纸杂志等传播，对大众产生了一定的影响。

不当的标签效应。有些人喜欢在毫无根据的情况下给肥胖者贴上懒惰、缺乏自律、马虎大意、没有上进心等负面标签，不愿意跟他们相处、共事。

应对之道

不管出于什么原因，体重污名给肥胖人群带来的伤害是难以弥补的。为了让孩子健康快乐地成长，家长应该如何帮助孩子摆脱肥胖歧视？

正确引导，告诉孩子这不是你的错。如果自己的孩子因为肥胖问题成为别人嘲笑的对象，那么父母的态度对孩子的认知会产生重要影响。由于心理发展的局限性，孩子独立思考的能力较弱，会对他人的评价格外重视，甚至容易根据他人的看法来定位自己。父母应该帮助孩子建立客观全面的认知，告诉孩子这不是你的错，以减轻孩子的心理负担。

教会孩子，用自信心回击嘲笑。当孩子被嘲笑时，父母要培养孩子的自信心。对他人嘲笑最好的反击就是让更好的自己来面对他人。自己通过努力，实现目标。父母平时要多给孩子肯定，多夸奖孩子，培养孩子的自信。孩子的内心强大与充盈比什么都重要。孩子拥有强大的内心，才不容易被别人的话语左右，更不惧怕别人的嘲笑。

引导孩子科学饮食和锻炼。家长要有意识地引导孩子养成规律的饮食习惯，多吃健康食物。日常生活中，家长要多花时间带孩子参加体育运动和各种兴趣活动，促进孩子与同龄人的交流。

心理小贴士

BMI指标助力评估孩子是否肥胖

肥胖与多种致死性疾病相关，家长了解如何准确评估孩子的体重状况和体脂分布至关重要。研究表明，BMI（即用体重除以身高再除以身高得出的数值）是评估学龄前儿童体重状况的有效人体测量学指标。通过准确评估孩子的体重，有助于进一步识别那些可能面临较高健康风险的肥胖儿童群体，从而采取适当的预防和干预措施，降低与肥胖相关的健康风险。

中国学龄儿童青少年超重、肥胖筛查 BMI 分类标准

年龄（岁）	男超重	男肥胖	女超重	女肥胖
7～	17.4	19.2	17.2	18.9
8～	18.1	20.3	18.1	19.9
9～	18.9	21.4	19.0	21.0
10～	19.6	22.5	20.0	22.1
11～	20.3	23.6	21.1	23.3
12～	21.0	24.7	21.9	24.5
13～	21.9	25.7	22.6	25.6
14～	22.6	26.4	23.0	26.3
15～	23.1	26.9	23.4	26.9
16～	23.5	27.4	23.7	27.4
17～	23.8	27.8	23.8	27.7
18	24.0	28.0	24.0	28.0

13

时间安排不合理，
如何平衡学习与娱乐？

　　小龙是一名六年级学生，每天放学回家第一件事就是看电视或者玩手机。看电视中途，他经常想起来还有作业没完成，赶忙拿出作业随便写两下，又继续去看电视。有时，他计划看一会儿电视就去写作业，但看到喜欢的动画片就会把作业抛诸脑后，以致每次睡前匆匆完成作业。这样一来，作业完成得质量不高，还影响了第二天上课的状态。长此以往，成绩不断下滑。小龙因此变得沉默寡言。对于小龙的变化，爸爸妈妈越来越担忧。

心理解读

　　在生活中，不少家庭有着与案例中相似的困扰。家长觉得孩子放学后应尽快完成作业，再去玩。孩子觉得回到家要先放松一下，但又无法把握好娱乐时间，难以平衡学习和娱乐。最终，孩子既没有学习效率，也玩得不开心。

　　究其原因不难发现，出现该情况主要是由于孩子没有合理规划学习和娱乐时间。同时，大部分家长没有意识到培养孩子时间管理能力的重要性。时间管理是自我管理的重要组成部分，对孩子今后的学习乃至人生发展都至关重要。时间管理能力弱的学生往往容易造成学业失败，产生自卑、焦虑等负面情绪，进而降低心理健康水平。

什么是时间管理？

时间管理是指通过事先规划并运用一定的技巧、方法与工具实现对时间的灵活有效运用，从而实现个人或组织既定目标的过程。

时间管理不当的危害

缺乏时间管理能力。缺乏时间管理能力的孩子可能会养成拖延习惯。比如，早上闹钟响了几次仍然不起床，为了不迟到，只能着急地拿上书包赶去教室，等到满头大汗地坐在教室才发现忘了拿书。没有规划好时间，孩子在面对突发事件时，行事方向不明确，最终只能干着急，陷入事情延误后的懊恼与担忧情绪中。

缺乏目标性。如果孩子缺乏对时间的计划性，他们可能在生活中也难以设定具体的目标。即使设定了目标，由于拖延或其他因素的干扰，他们实现目标的过程也可能会受阻，这可能导致他们对自我目标产生怀疑，进而影响到目标的持续性和实现可能性。

减弱学习兴趣。成功体验是激发和维持学习兴趣的重要因素之一。孩子若缺乏时间管理能力，他们的学习计划可能会频繁受到干扰，导致学习效率降低。这种情况下，孩子较难在学习中获得成就感，这可能会逐渐削弱他们对学习的兴趣和动力。

引发身体问题。喜欢拖延的孩子可能把学习任务推迟至最后一刻。随着截止时间的临近，他们可能会承受较大的心理压力。长期的高压状态不仅可能影响心理健康，还可能对身体产生负面影响，如引发炎症等。

引发心理问题。在竞争激烈的环境中，喜欢拖延的孩子可能在面对问题时感到不知所措，或者面临更多的压力情境。长期的紧张和焦虑可能会导致心理健康问题，如焦虑和抑郁等情绪障碍。

时间管理不当的原因

目标不明确。缺乏明确目标的人不知道自己努力的方向，也不知道自己想要的是什么，很容易出现被动应对的状况，缺乏时间规划。

外部干扰过多。当今社会，各种干扰因素可能会严重分散孩子的注意力，影响他们高效完成任务。例如，孩子坐在书桌前准备开始写作业，却因朋友的邀请、手机上的即时通知或家中美食的香味而分心。这些因素可能诱使孩子中断学习，去参与其他活动，从而影响了他们完成作业的效率。

应对之道

减少外界干扰，营造良好的学习环境。 孩子在学习时，家长应尽量避免可能分散孩子注意力的行为，如玩手机、看电视或打麻将等。为孩子创造一个安静、整洁的学习空间，这样有助于提高他们的学习效率。

培养孩子的专注力。 家长可以通过亲子游戏来锻炼孩子的专注力，比如一起拼图或搭积木。这些活动不仅能够加强亲子互动，还能在轻松愉快的氛围中提升孩子的专注力。

父母以身作则，成为孩子的榜样。 父母在日常生活中应该以身作则，引导孩子学会时间管理。如父母平时就要有规划意识，做事有条理。久而久之，孩子通过观察父母的行为，会逐渐掌握时间管理的技巧。

与孩子共同制订时间管理计划。 家长可以与孩子一起制订时间管理计划，明确学习任务和休息娱乐的时间。通过这样的计划，帮助孩子学会平衡学习与休闲，培养良好的时间管理习惯。

培养孩子的时间管理意识。 家长可以通过鼓励和奖励等方式来培养孩子的时间管理能力，让孩子理解时间管理的重要性，以及管理不善可能带来的后果。家长要避免过度催促孩子，以防他们产生依赖或逆反心理。家长还可以通过让孩子承担拖延的后果，帮助他们认识做好时间管理的重要性。

心理小贴士

增加亲子互动，培养孩子时间管理意识

培养孩子的时间管理技能对家长和孩子都是一大挑战。家长可以参考专业指导资源，获取培养孩子时间管理能力的方法和思路，但具体实施时，需要根据孩子的个体差异来调整策略。在培养过程中，家长应避免严格管控孩子的

每一步，而是以耐心和逐步引导的方式，鼓励孩子自主学习时间管理。在孩子学习过程中，家长可以适时提供建议和支持，但应让孩子自己尝试和实践。此外，家长可以与孩子共读关于时间管理的书籍，如《谁偷走了我的时间呢》《21天习惯养成训练营》《再见了，拖拉》，以增进亲子间的互动，并帮助孩子理解时间管理的重要性。通过这样的陪伴和引导，孩子能更好地体验到有效时间管理对学习和生活的积极影响，逐步实现学习与娱乐的平衡。

第三篇
学习篇

14

孩子对学习无兴趣，家长如何施妙招？

小昭是一个充满活力的孩子，他在校表现调皮且上课时容易分心，对待作业态度草率。他在课后却精力旺盛，喜欢全身心投入各种有趣的活动中。家长发现小昭在家不愿意主动做作业，哪怕在家长的强制要求下，他也是心不甘情不愿地草草完成。家长不得不轮流监督他，以确保他完成作业。老师在了解小昭的情况后，认为他聪明但缺乏学习动力。老师建议家长不宜强迫小昭学习，而应尝试用不同的方法来激发他的兴趣。通过与小昭的交流和观察，老师发现小昭对手工制作和小模型组装有浓厚的兴趣。基于这一发现，老师建议家长支持小昭这一爱好，为他提供相关书籍和材料，并鼓励他参加相关竞赛。家长采纳了老师的建议。小昭在得到支持后，不仅在相关比赛中获了奖，而且大大提升了自信心。这一成功体验增强了他对学习的兴趣，进而大大提升了他的学习效率。

心理解读

在现实生活中，不少孩子可能跟案例中的小昭一样，不喜欢写作业，对学习缺乏兴趣。这种情况下，如果家长一味采取强制措施强迫孩子学习，可能会适得其反，导致孩子对学习产生抵触情绪，甚至产生厌学心理。

什么是学习兴趣?

从教育心理学的角度看,学习兴趣是个体倾向于通过认识、研究获得某种知识的心理特征,是可以推动人们求知的一种内在力量。

学习兴趣的表现

学习兴趣表现为个体对特定知识或技能的好奇心、探索欲和求知欲。比如,伽利略年轻时对摆动的教堂吊灯产生了兴趣,他通过仔细观察和实验,发现了摆动周期的规律,并最终发明了摆钟。同样,中国新音乐奠基人聂耳的音乐成就,也与他童年时期对音乐的浓厚兴趣密切相关。这些例子表明,儿时的兴趣往往能够为个人的未来发展和职业选择奠定基础。

被动学习的危害

产生逆反心理。逆反心理是指人们为了维护自尊,而对他人的要求采取相反的态度和言行的一种心理状态。在教育环境中,如果孩子对学习缺乏兴趣,而家长强迫孩子学习,孩子不仅会对学习产生厌恶感,还会对父母的强制态度产生逆反心理,进而可能损害亲子关系。

学习敷衍了事。如果孩子的学习不是主动、自愿的,只是为了完成任务,就容易产生应付心理,学习敷衍。为了留出时间去做更有趣的事情,如玩游戏、看电视等,孩子可能会急于完成学习任务。这可能导致孩子失去学习的内驱力。兴趣是孩子学习新知识的最大动力来源,孩子只有对某个领域的知识感兴趣,才能认认真真地把知识学好、学透,而不是将学习当成一项任务敷衍了事。

学习效果不佳。缺乏学习兴趣的孩子往往处于被动接受知识的阶段,较少主动思考,通常停留在表层学习,缺乏对知识的深入理解与思考。这种学习方式可能导致孩子学习效果不佳,学习效能感较低。

影响学习兴趣的因素

个体的求知欲。求知欲是指个体探求知识的强烈渴望,通常开始于儿童早期,在个人学习过程中发挥着不可或缺的作用。求知欲可以激励孩子努力追求新知识、探索未知领域。求知欲强的孩子会自觉、主动地获取知识。当孩子带着好奇心和求知欲去学习时,他不仅能够获得快乐和满足,而且乐于追求越来越多的知识,提高学习兴趣。

成功体验与知识积累。 孩子的兴趣与成功体验密切相关。孩子在获得成功体验后会产生积极的情绪体验，从而感受到自己的力量潜能，增强自信。在面对学习任务时，孩子会有较高的自我效能感。在学习过程中，学习活动本身也会带给孩子有意义的体验，从而渐渐发展成学习兴趣。此外，先前的知识积累也会影响孩子的学习兴趣。孩子的知识积累越丰富，在学习过程中就越容易解决问题，自信心也会更强，越有利于形成持久稳定的学习兴趣，强化学习的内部动机。

外部奖励。 孩子的内部兴趣是学习的重要基础，但适当地运用外部奖励有时也能作为提高学习兴趣的辅助手段。需要注意的是，外部奖励与学习兴趣之间的关系并非简单的正比关系，而需要根据具体情况进行分析。对于对学习活动本身不感兴趣的孩子，适当的外部奖励可以吸引其注意力，引导他们尝试参与。随着参与的深入，孩子可能会逐渐培养出对活动本身的内在兴趣。然而，对于已经对某项活动感兴趣的孩子，过度依赖外部奖励可能会降低他们的内在兴趣，这种现象被称为"德西效应"。

应对之道

引导和启发孩子的求知欲。 孩子在童年时期常常充满好奇心，喜欢提问。这些看似简单或奇怪的问题实际上是孩子探索世界、表达求知欲的开始。家长在面对孩子的提问时，应该保持耐心，用孩子容易理解的方式回答，同时鼓励孩子继续提问和探索。如果家长不知道答案，应该诚实地承认，并鼓励孩子自己寻找答案，而不是给出错误或随意的答案。此外，家长可以通过引导孩子自己寻找答案，来提高他们的思考能力，而不是简单地提供答案。

知识和技能的积累。 孩子在某个领域的知识和技能积累可以增强他们的自信心和自我效能感，从而激发其内在的学习动力。家长可以通过带孩子去书店，为他们选择适合的课外书籍，来促进知识和技能的积累。家长也可以参与孩子的阅读活动，与孩子分享阅读体验，引导孩子发现学习的乐趣。

正确使用外部奖励。 适当使用外部奖励可以促进孩子的内在兴趣发展，但需要注意奖励的具体性和针对性。家长在表扬孩子时，应该明确指出孩子的哪些具体行为值得表扬，以避免含糊不清的表扬误导孩子。此外，精神奖励通常比物质奖励更能激发孩子的内在兴趣，物质奖励应保持适度，以免孩子过分依赖奖励。家长还应注意根据孩子的个性和兴趣来定制奖励，以确保奖励的有效性。

心理小贴士

如何引导孩子把不稳定兴趣转化为稳定爱好？

学习兴趣可以分为个体兴趣和情境兴趣。个体兴趣通常较为稳定，是个体长期从事某项活动的心理倾向，例如小明对画画的长期爱好。情境兴趣则较为短暂和易变，通常由特定情境或活动激发，例如小明突然对游泳产生兴趣。

有些孩子从小表现出对学习的稳定兴趣，这可能与他们天生的个体兴趣有关。而有些孩子随着年龄增长，对学习的兴趣可能逐渐下降，也许与情境兴趣的不稳定性和易受外部因素影响有关。家长可以通过适当的方式引导孩子将情境兴趣转化为更稳定的个体兴趣。比如，家长帮助孩子认识到学习内容的实际意义和价值，将学到的知识应用到实际生活中，这样可以增强孩子对学习内容的认同感和兴趣。此外，提高孩子的学习参与度也是激发和维持学习兴趣的有效方式。例如，家长在讲授图形知识时，应引导孩子亲自动手操作，通过实践活动来加深理解。

15

事倍功半成绩不见提升，如何提高孩子学习效率？

小明学习起来特别勤快。他上课时忙于摘抄老师的笔记，下课忙于向成绩好的同学请教学习"秘诀"。但是小明每次考试结果都不如意。甚至，有些考过多次的题型，他都没有答对。他为此非常苦恼：自己学习刻苦，并且投入了大量的时间和精力，为什么成绩还是上不来？同桌就问他："你每次抄完笔记后，有没有去复习，有没有把原理弄懂？"小明摇摇头："学的东西太多了，抄完笔记我就放在一边了。"

心理解读

在现实生活中，有些孩子和小明一样，尽管学习非常努力，学习成绩却不见提升，导致最后没有了学习热情，甚至产生自我怀疑。这种现象通常与学习效率低下有关。学习效率指的是学习的投入和产出之比。

学习效率低下的表现

学习效率低下往往表现为对知识的生搬硬套而非深入理解，不能灵活运用；忽视知识的理解与内化；没有找到适合自己的学习方法，导致投入过多的无效劳动；等等。案例中的小明给自己制造了一种假象，好像时间都花在了学习上，但缺乏深度思考的学习往往事倍功半。

学习效率低下的危害

学习吃力，效果不佳。学习效率低的孩子完成学习任务需耗费大量时间和精力，且因缺乏有效的方法和策略，学习效果难以保证。长期如此，孩子会感到吃力和疲惫，无法获得成就感，致使成绩不理想，学业表现不佳。

学习动机与学习兴趣下降。学习效率低的孩子虽努力甚多但收获甚微，成绩提升困难。长此以往，孩子可能逐渐丧失对学习的兴趣，内部学习动机下降。学习兴趣和动机下降又会影响学习效率，导致恶性循环，进而产生厌学心理。

影响身心健康。学习效率低的孩子完成作业常花费过长的时间，加上拖延，可能学习至深夜，占用休息时间。睡眠不足会导致次日精神不佳、上课走神。若长期休息不好且无法从学习中获得快乐，孩子可能出现焦虑、抑郁等症状，影响身心健康。

学习效率低下的原因

学习方法不当。学习方法不当会导致孩子学习效率低下、自信心受挫甚至厌学。生活中，有些孩子的学习方法不够科学，影响了学习效果。如根据艾宾浩斯遗忘曲线，学习新知识后半个小时内复习效果最佳。此外，分散复习的效果优于集中复习，临睡前回顾一遍当天的学习内容，有助于巩固学习效果。孩子如果没有掌握这些学习方法或者没有付诸行动，也会导致学习效率较低。

学习效能不高。学习效能是学生对自己是否能顺利完成学习任务的主观判断，对学习动机、学习成绩有较大的影响。学习效能不高的孩子往往对学习缺乏自信，不敢尝试新方法或接受新挑战，进而阻碍学习效率提高。

学习目标不明确。有些孩子缺乏明确的学习目标，不知道为何学习，甚至误以为是为父母和老师而学。这会导致孩子缺乏学习的内在动力，主动性和积极性不高，学习事倍功半，效率低下。

受家庭环境的影响。孩子在日常生活中通常会观察、模仿父母的行为模式、学习习惯等。缺乏自律或习惯不良（如专注力不够）的父母，易影响孩子同样出现不良学习习惯，影响学习效率。此外，专制的父母会让孩子情绪紧张，不利于学习效果提升。

应对之道

使用恰当的学习策略和学习方法。家长可帮孩子分析实际情况，助其了解自身优势和劣势，找到适合的学习方法，并引导其利用笔记、思维导图等方式提高效率。课上认真听讲、做好笔记，用不同颜色的笔突出重难点，课后及时复习巩固，形成良好习惯，有助于提升效率。同时，家长应引导孩子根据自身特点安排学习日程，如匹配最佳学习时间。

进行意义学习。意义学习是通过理解材料意义，并与已有知识联系来精细加工知识的过程。如背单词时，孩子可利用词根词缀结合联想记忆法，将新单词与已知单词关联。家长陪伴孩子学习时，应多引导其思考"为什么"。对于日常现象，家长要引导孩子了解现象背后的本质。

合理用脑。学习需用脑思考，科学安排用脑，使大脑有规律地工作，有助于提升学习效率。家长应根据学科特点，引导孩子适时合理地安排用脑。如早上记忆力佳，可安排记忆性学习；睡前回顾当天所学，整理知识框架，利于查漏补缺。不同学科交替学习，左右脑交替使用，能避免大脑疲劳。

营造良好的家庭氛围。家庭是孩子的重要成长环境，家长的言行会潜移默化地影响孩子。父母应营造和谐、民主氛围，为孩子创造良好的学习环境，助其养成好习惯。同时，家长要发挥榜样作用，自身有良好的学习习惯，孩子才会认真学习，反之影响孩子心理。面对学习问题，家长应避免过度批评，应采取合适的方式沟通解决。

劳逸结合。高效学习需保持清醒敏捷的头脑。有人认为，刻苦就有收获，即使很疲劳也要坚持学习。但当孩子感觉疲劳时，思路会变得不清晰，对知识比较乏味，会失去学习兴趣，长期不休息还会影响身体健康，难以高效学习。所以，适当休息娱乐是提高效率的基础。

每天学点心理学：小学生心理健康知识手册

心理小贴士

运用"番茄工作法"提高学习效率

学习效率低下会对孩子的学业成绩和学习热情产生负面影响，因此，寻找有效方法来重塑孩子的自信心显得尤为重要。番茄工作法是由弗朗西斯科·西里洛在20世纪80年代末提出的时间管理方法，为大家提供了一个良好的解决方案。

该方法操作非常简单，需要准备一个计时器和一个任务清单，孩子从任务列表中选择一个任务，由家长或孩子将定时器设置为25分钟（这一时间又被称为"番茄时间"），然后开始这个任务，完成一个"番茄时间"后休息5到10分钟，再开始下一个"番茄时间"。每完成四个"番茄时间"，孩子可以进行一次较长的休息，大约15—30分钟。

"番茄工作法"通过限定专注时间，帮助孩子提高专注力。孩子也可以将时间分割成更小、更易于管理的单元，从而更好地控制和管理时间。每完成一个"番茄时间"，对孩子来说，都是一次正面反馈，可以提高他们完成任务的满足感，从而提高他们的学习兴趣。"番茄工作法"是一个较好的提高孩子学习效率的方法，该方法同样适用于成人。

第三篇 学习篇

16

父母期望越高，
孩子的成绩就越好吗？

小花的父母一直非常重视孩子的学习。每次考试之后，他们都会向班主任询问孩子的成绩排名情况和学习状态。

三年级的时候，小花的成绩处于班级中上游，对考试比较自信，但四年级时成绩有所下滑。班主任还发现，每逢考试，小花都会非常紧张。渐渐地，班级里又有几名平

日里学习比较认真努力的同学出现了与小花类似的情况。经交流发现，这些孩子的父母对孩子的学习成绩非常关注。孩子考好了，爸爸妈妈就会特别高兴，给他们做好吃的，买他们喜欢的玩具。但是，如果孩子考试不理想，爸爸妈妈会很失落，孩子回家后战战兢兢，生怕因此受到家长责备。

心理解读

案例中的小花父母属于典型的"望子成龙、望女成凤"的中国式传统父母。他们在孩子的成长过程中，倾注了大量心血，希望孩子的一生有所成就。部分父母甚至将自己无法实现的理想和抱负转嫁到孩子身上。一般而言，父母对孩子抱有期待是正常的，如果期望过高，这将给孩子成长带来压力，甚至是痛苦。

什么是父母期望?

父母期望一般是指家长对子女成长和发展的期待，包括孩子的身心健康、学业成绩、人际关系、未来职业等。父母对孩子期望过高，是指父母对孩子在某一方面能力的期待高于孩子的实际水平。

父母期望过高的表现

父母适度的期望对孩子的成长有积极影响，但期望过高则会阻碍孩子的成长和发展。父母对孩子期望过高表现为家长功利意识强，虚荣心强，对孩子提出不切实际的要求，过分关注考试分数，等等。父母期望过高、家庭冲突等是孩子在家庭环境中感知到的主要心理压力源。

父母期望过高的危害

家长的期望对孩子有重要影响，合理的期望可以激发孩子的潜能，但过高的期望可能带来负面影响。

产生自卑心理。当父母的期望过高时，孩子总是无法达成，便会认为自身能力不足，从而产生强烈的挫败感。这种挫败感会极大影响孩子的心理发育。如果这种强烈的挫败感一直存在，可能导致孩子产生自卑心理，形成自卑性格。

影响亲子关系。如果父母的期望过高，而孩子又没办法达到家长的要求，家长可能会产生焦虑情绪。未达到预期时，家长可能会催促、指责、批评甚至打骂孩子。孩子也会因压力而自责、焦虑，甚至与父母产生冲突，导致亲子关系紧张。

孩子心理压力大。每个孩子都有独特的个性，其兴趣、潜能未必与父母期望相吻合。因此，孩子的发展可能与父母的期望有差距，甚至相悖。这可能会给孩子带来沉重的心理包袱，使其承受过大压力，易自暴自弃，严重时可能导致抑郁心理。

导致父母期望过高的原因

不当的教育理念。部分家长将教育和考试成绩画等号，认为只有学习成绩好的孩子才是好孩子。他们不关注孩子的兴趣需求和实际学习状况等，在不了解实际的情况下，凭主观意愿对孩子提出超出实际的要求。

"面子"效应。家长之间的比较很多时候会集中在孩子上。受"面子"效应的驱使，"好面子"、虚荣心较强的父母，经常拿孩子的学习成绩与他人比，孩子成绩高则有"面子"，从而获得较强的自尊和满足感。家长把孩子的学业成绩当作炫耀资本，容易对孩子产生过高期望。

父母自身过高期望的转嫁。有些家长对子女的期望往往与自身期望相关。当把自己未实现的目标转嫁给孩子，家长容易对孩子产生过高期望。例如，有些家长自身文化程度不高，就把读书的愿望转嫁到孩子身上，要求其专心学习，对孩子成绩期望过高。

应对之道

从孩子实际出发，建立合理期望。父母对孩子的期望要充分考量其身心发展特点，避免无差别提期望要求。随着孩子的不断发展，个体间的差异会越发明显，表现出独特的兴趣爱好和特长。比如，有的孩子喜欢表达，有的孩子喜欢思考，有的孩子爱好冒险，有的孩子运动天赋强，等等。当孩子的兴趣爱好和父母的期望不一致时，父母需要尊重孩子，给孩子提供条件，助其成才。如果父母仅凭自己喜好来指挥孩子，不仅容易打击孩子的自信心，而且易引发孩子的逆反心理，破坏亲子关系。

立足自身条件，给孩子足够支持。父母对孩子提出期望时，要充分考虑现有条件能否给孩子足够的支持。因为父母的教育方式和教育能力等会对孩子产生直接或间接的影响。需要强调的是，父母要为孩子树立一个积极榜样，尤其在习惯、道德、品行、人际关系等方面作出示范。

根据孩子成长调整期望，采用相匹配的方式达到目标。孩子既独立又不断发展，所以，父母对孩子的期望需要依其成长阶段进行相应的调整。比如，期望孩子人际关系和谐，父母应鼓励孩子与不同的同伴交往，提升人际交往能力。

心理小贴士

合理期望，助力孩子快乐成长

电视剧《小欢喜》聚焦于中国高考家庭，讲述了三户中国家庭在高考即将到来之际面临的父母高期望和子女自身愿望之间的冲突与和解。该剧让人们进一步认识到，教育的成功与否不应仅由成绩决定。家长对孩子的过高期望会成为孩子成长路上的"绊脚石"，只有从孩子实际出发，建立合理的期望，随着孩子的成长不断调整期望，并及时给予孩子情感帮助和支持，孩子才能收获真正的成长与快乐。

17

滥用奖惩危害大，"赏罚教育"怎么用？

浩浩马上读四年级，学习成绩一直处于中下游。父母担心孩子失去上进心，于是就和孩子达成约定，考试成绩每提高5分奖励10元钱，每提高10分奖励50元，每减少5分则扣除一周的零花钱，以此激励他

好好学习。浩浩很喜欢好朋友的玩具赛车，也一直想买，于是努力学习，果然，成绩提升了十几分，妈妈按照约定给浩浩买了玩具赛车。但在后来的考试中，浩浩的成绩退步了很多，失去了学习动力。看到浩浩又恢复了之前的状态，学习积极性大大降低，也不管成绩的好坏了，妈妈心想，难道自己的奖惩方法错了吗？

心理解读

孩子的学习态度是认真还是马虎，会持之以恒还是半途而废，很大程度上取决于其学习动机。为了提升孩子的学习动机，父母通过各种方式进行激励。其中奖惩法便是常见的一种。然而，在激发孩子学习动机方面，科学的奖惩有较好的促进作用，不当的奖惩或滥用奖惩可能适得其反。例如，案例中的浩浩，父母的奖惩仅在一段时间内有效。如何有效运用奖惩法来激发孩子的学习动机，尤为重要。

滥用奖惩的危害

滥用奖励可能弱化学习动机。学习动机是内部学习兴趣和外部奖励共同作用的结果。内部学习兴趣通常比外部奖励对学习的作用力更强，更能持久地推动个体学习；外部奖励尤其是物质奖励奖励，产生的激励作用是很短暂的。此外，研究表明，外部激励会弱化个体的学习兴趣，导致学习行为更多出于获得奖励的目的，而非内在的求知欲。

滥用惩罚会阻碍孩子的身心发展。孩子如果因为成绩不好而经常受到父母的打骂，就会害怕学习和考试，对父母的话语很敏感。孩子太在乎成绩，容易造成患得患失的心理，以致遇到大考就高度紧张、害怕。同时，父母不恰当的惩罚方式和惩罚力度，可能会伤害孩子的自尊心。如辱骂、殴打等过分的惩罚都是不尊重孩子的表现，会直接对孩子造成伤害，影响孩子的心理发展。

不利于孩子价值观的发展。长时间的金钱奖励可能会给孩子造成一种错觉：学习和奋斗就是为了得到金钱，单纯的金钱奖励容易使孩子忽略物质以外的追求和使命，形成不当的价值追求。同时，孩子在成年之前，他们的辨别能力和自我控制能力尚未完全成熟，可能无法合理管理和使用金钱。在面对游戏、网络和消费诱惑时，缺乏适当指导的孩子可能会进行不理智消费。

奖惩效果不佳的原因

普通奖励往往只能激发外部动机，难以提升学习动力。通过物质进行奖励，这属于外部动机。如此一来，孩子可能会为了获得奖励而学习，而非真正出于内心对知识的渴望。随着年龄增长，孩子的需求增多，当物质需求无法得到满足时，便容易丧失学习动力。在漫长的知识学习过程中，外界的物质奖励显得极为脆弱，只有源自内心的学习动机，才是持久且有效的动力。孩子原本可能具有内在的学习动机，但过度的外部动机反而削弱了这种内部动机。家长认为自身的方法可以立竿见影，实则误入歧途。

学生的需求会随年龄发生变化。不同年龄阶段的学生，其心理需求各异。比如，糖果对于小学低年级学生具有较大吸引力，而社会赞许等精神激励更能对小学高年级学生产生显著的影响。倘若父母对孩子缺乏足够了解，滥用奖惩手段，必然导致奖惩效果不尽如人意。

父母的情绪化奖惩以及奖惩时机不当。 父母过于情绪化，依据个人喜好对孩子施行奖惩。当自己心情不佳时，便对孩子吹毛求疵并加以惩罚；心情愉悦时，又对孩子的积极行为进行无原则的奖励。孩子会将自身所受的奖惩与父母的情绪相关联，而非与自身行为的真正改变相联系。

奖惩度把控失当。 当孩子犯下一点小错，家长就予以严厉的批评、斥责，甚至体罚。此类行为会引发孩子的恐惧与害怕，进而对父母的惩罚产生抵触。同理，若父母不基于事实，对孩子过度夸赞或给予过多物质奖励，会使奖励失去原本的意义。

应对之道

拟订符合孩子身心特点的奖惩制度。 奖惩制度要符合孩子的年龄段，有利于其健康成长。针对父母不希望孩子做的事，要制订规则，并坚持执行，父母在孩子做到时给予肯定。奖励和惩罚只是手段，而不是目的，奖励的目的是让孩子强化并巩固正向的行为习惯，惩罚则是为了让孩子避免再犯类似的错误。因此在奖励和惩罚之前，家长要提前和孩子进行沟通，与孩子一起拟订奖惩规则。

坚持激励为主、惩罚为辅的奖惩原则。 在个体成长过程中，难免会犯错。研究表明，进行个体行为矫正时，激励更有利于行为的塑造，惩罚可能产生逆反心理。因此，在孩子犯错时，家长尽量以激励为主，惩罚为辅。

奖惩要及时。 当孩子表现优秀时，家长及时给予肯定，有利于其形成积极的动力定型，孩子也会将良好的行为习惯化。同时，家长也要及时纠正孩子的错误行为，如撒谎、不遵守纪律、学习习惯不好等，使惩罚机制发挥应有的作用。

奖惩要分明。 强化定律对孩子行为的培养非常重要，奖励和惩罚的目的都是为了孩子养成良好的习惯。因此，在教育孩子的过程中，家长要确定奖励和惩罚的标准，赏罚分明，严格遵循公平原则。

合理把握奖惩尺度。 一般而言，内向的儿童较敏感细腻，他们往往能敏锐地感知父母的情感和意图，家长无须夸张地赞赏或严厉地批评；外向、冲动的儿童接受性相对不足，面对过激的批评时可能引发逆反心理甚至较激烈的反抗行为，家长要给他们自省的缓冲时间。

避免当众惩罚孩子。很多家长看到孩子犯错，难免会失控，不管是在什么场合，都劈头盖脸地数落孩子。但如果在众人面前惩罚孩子，会伤害孩子的自尊，往往会起到反作用。

心理小贴士

家长如何做到奖惩有方？

"正负强化"是问题行为矫正的有效干预方法。该方法由斯金纳提出，包括正强化和负强化两种类型。

正强化是鼓励的，当一个好的结果出现时，就用一种奖励促使这种好的结果继续出现。如：孩子的成绩进步了十分，就可获得一个玩具奖励，而玩具又可能会促进孩子继续提高成绩，这就是正强化。

负强化则是在一个好的结果出现时，减少或消除孩子不喜欢的某种刺激，以此鼓励行为继续发生。如：孩子成绩进步十分，就可以免除做附加作业（此处假设做附加作业对孩子而言是厌恶刺激），借助此条件来强化孩子提高成绩的行为，就是负强化。

总之，奖励孩子，目的在于强化孩子的正向行为，如果无法达成这一目标，那么奖励便毫无意义。惩罚孩子，并非为了让孩子痛苦，而是让孩子记住教训。教育孩子，对孩子的优点要"强化"，缺点要"淡化"，做到扬长避短。家长学会正确的奖惩方式，孩子的成长便能少些波折，引导孩子们在正确的道路上成就更优秀的自己。

18

孩子偏科怎么办？

案例导入

　　小佳是小学六年级学生，有偏科现象。她喜欢语文、英语，对数学兴趣弱些。她学习不够主动，仅仅满足于完成作业。小佳有个缺点，就是上课容易受老师影响，如果她喜欢这位老师，上课就特别主动，一旦遇到她不喜欢的老师，就会直接影响这门课的学习状况。例如，她的数学老师年龄比较大，教学方式也比较死板，她就一直不喜欢数学。这导致她上数学课时注意力不集中，作业也不能及时完成。再加上小佳爸爸的语文很好，平时对小佳的课外阅读训练较多，所以她比较喜欢语文。现在，小佳语文成绩非常优异，但数学成绩很不稳定，有时甚至处于及格线。小学是培养学习兴趣和打基础的关键时期，小佳偏科严重的问题让她的爸爸妈妈很苦恼。

心理解读

　　案例中的小佳喜欢语文，不喜欢数学，属于明显的偏科问题。偏科问题不仅会影响孩子的全面发展，也给偏科学生的父母带来困扰，需要引起重视。

什么是偏科？

　　偏科是指学生不能将某些学科上取得的成功经验有效迁移到其他学科，致使其他学科的学习受阻。比如，某同学语文和英语成绩特别好，但是数学成绩特别差。

小学孩子偏科的危害

造成知识缺陷。 如果孩子存在偏科情况，就会导致某些知识的缺失或阻碍某些能力的发展。比如，如果一个孩子不喜欢语文，认识的字词较少，那么必然会影响阅读理解能力和写作能力的发展。

降低学习效能感。 如果孩子某个科目总学不好，尤其是经过长时间努力仍然不见效果，孩子就会认为自己天生不擅长这门课。久而久之，孩子对该科目的学习兴趣就会降低，甚至彻底失去兴趣，并产生恐惧和抵触心理。

影响其他科目。 众多学科知识之间存在关联，偏科也会影响其他学科的学习。比如，当一个孩子不喜欢数学，运算逻辑能力欠佳时，可能会影响科学课的学习。同样，孩子缺乏良好的阅读理解能力，也会影响数学、科学等科目的成绩。

影响升学。 如果在小学阶段偏科问题未能得到妥善解决，就可能会影响类似学科的成绩，偏科严重的学生在中高考时很难取得高分，难以考入理想学校。

引发其他身心健康问题。 学生偏科，导致其在某些科目上学习吃力或存在学习障碍。这容易引发焦虑、抑郁等情绪问题，也会影响学生身心健康发展。

偏科的原因

个体的智力发展差异。 人的智力是多元而非单一的，智力并非一种能力，而是一组能力，每个人都具备不同的智力类型，如语言、数理逻辑、空间、音乐、运动、人际沟通等。这些能力以不同方式、不同程序组合在一起，使得每个人的智力各具特点。学生在相应领域表现差异本身无优劣之分，很有可能仅仅是个体差异所致。

对特定学科兴趣不足。 兴趣是最好的老师，很多情况下，偏科是因为不喜欢部分课程。有的学生可能英语特别好，但是数学却特别差。英语越学越感兴趣，而数学则越学越觉得索然无味。兴趣的差异使得孩子们在不同科目上投入的学习时间和精力存在明显差异，进而加剧了偏科现象。

受任课教师的影响。 有的学生受老师的影响比较大，因为喜欢某位老师的课就会认真学习，成绩也不断进步；如果不喜欢某位老师的课，就会对这门课产生反感，甚至连作业也不想完成，那么这门课的成绩自然就上不去。

家长不恰当的教育方式。孩子的偏科行为也可能与父母的不恰当教育方式有关。例如，孩子平时语数外成绩都相差不大，但只是有几次因为试卷较难导致某一门课考了较低的分数，父母就认为孩子属于真性偏科，从而对孩子进行严厉的批评。久而久之，孩子便会慢慢对该课程产生畏惧和厌恶，从假性偏科转变成真性偏科。

受父母的影响。如果父母偏爱理科，喜欢研究理科方面的知识，对文科知识的了解相对不足，进而导致孩子出现偏科现象；反之亦然。父母的职业也对孩子的偏科存在一定影响。如果家长是数学老师，那么孩子在数学方面可能会表现突出。

应对之道

理性认识孩子的学科表现差异。每个孩子的智力表现各异，学科表现存在差异属正常现象。家长对孩子不同课程的偏差不应过度紧张，不同的孩子在多元智力构成上存在差异。有的孩子偏向逻辑能力，数学较好；有的孩子偏向语言能力，语文较好。所以，一个孩子在各门科目中的成绩有所差别十分正常。对于孩子成绩的偏差，家长无须过度担忧，应以平常心对待，切勿操之过急。

帮助孩子激发学习兴趣。在分析原因时，我们了解到孩子偏科通常是由于对该科目缺乏兴趣，因此，家长要配合老师，从多方面培养孩子的学习兴趣。例如，从目标方面激发孩子兴趣，促使孩子从消极被动的"要我学"变成积极主动的"我要学"。

教会孩子调整心态，树立信心。家长要教导孩子保持自信，不要自卑。家长应引导孩子学习一些积极的心理暗示方法，比如，"加油，我一定能行！"同时，家长面对孩子偏科问题，要给予孩子更多的学习关注。如果孩子某门科目成绩较差，就不要和其他同学比，让孩子和过去的成绩比，会有较好的收效。

帮助孩子减少对个别老师的不合理认知。不管出于何种原因，家长一定要让孩子明白，因为一位老师放弃某个科目是不理智的。当孩子对老师有所抱怨时，家长

每天学点心理学：小学生心理健康知识手册

要客观分析，帮助孩子积极和老师进行沟通，说出自己的想法，接受老师的纠正和帮助。家长应告诉孩子，老师很难兼顾每一位学生，但最终目标是一致的，都是为了让孩子取得优异成绩。

知识学习需循序渐进。家长对于孩子不太擅长的科目，重点在于引导孩子打好该科目的基础，不能着急。因此，家长要让孩子从简单的习题着手，确保掌握课本上的基础知识后，再适当提高题目难度。

帮助孩子找到正确的学习方法。家长根据孩子的问题，制订解决问题的方案。不同科目的学习方法不同，尤其是文理科学习方法差异较大。对于薄弱的科目，孩子可以和同学多交流，多向老师请教。但是家长要留意孩子之间的个体差异，引导其结合自身情况进行调整。

心理小贴士

分辨真假偏科，助力孩子全面发展

偏科分为真性偏科和假性偏科，家长应及时辨别并采取相应的措施。假性偏科：某一学科的成绩暂时不理想，比如某次语文成绩暂时落后。真性偏科：在落后的课程上面投入大量精力，依然不见效果。

小学生对学科的学习兴趣、学习策略和自信心是导致偏科的主要原因。面对小学生的偏科行为，家长要用发展的眼光看待，帮助他们树立在弱势学科方面的信心，促进他们全面发展。

19

孩子产生厌学情绪，
怎样助其走出困境？

案例导入

玲玲是小学一年级学生，可原本早早起床，兴奋去上学的样子没有了。现在，玲玲每天早上闹着不想上学，都是在妈妈的大呼小叫中，不情愿地走出家门。玲玲最近经常说："我特别想回到幼儿园，不用早起，多好呀。"同时，老师也经常向妈妈反映，说玲玲课堂不认真听讲，纪律性很差，对老师的批评也不在乎。老师和家长都不明白这孩子到底怎么了。

心理解读

案例中的玲玲表现出一定的厌学倾向，即对学习不感兴趣，表现出学习敷衍等行为。厌学普遍存在于各个阶段的学习中，中小学阶段较常见。研究表明，小学生厌学比例达到10%～20%。如果不及时给予这部分同学帮助，厌学倾向会发展成为拒学或辍学行为，不利于孩子的健康成长，也会给社会和谐、稳定带来一些影响。

厌学的表现与分类

厌学的表现。认知上，孩子对学习失去兴趣，对学习持消极、被动、排斥的态度；情绪上，孩子对学校的学习生活感到厌倦，对学习或与学习有关的人（如教师）有讨厌或心烦的负性情绪；行为上，表现为经常迟到早退、上课注意力不集中、写作业拖拉抄袭、旷课逃学等。

厌学的分类。根据学生的认知、情感和行为表现程度，可以把厌学分为三类。轻度厌学：主要表现为思想上的抵触，不喜欢学习，对学习有抵触。如上课注意力不集中，课后不完成作业或抄袭作业等。中度厌学：将思想上的抵触付诸行动，表现出上课不听讲，经常迟到早退甚至旷课，人际关系也会随之出现问题。高度厌学：由思想和行动发展到了心理问题，表现为对学习充满了恐惧，内心自卑，不敢面对老师和同学，不愿回到学校，这类学生往往会休学或退学。

厌学的危害

学习成绩下滑。具有厌学倾向的学生容易对学习失去兴趣，缺乏内部学习动机。由于缺乏学习的主动性，这类学生往往学习效率低下，致使学习成绩不理想。

危害身心发展。具有厌学倾向的学生往往会把学习视作沉重负担，难以体会到学习的乐趣。学习任务，尤其是学习挫折的经历，容易引发孩子的焦虑、抑郁等情绪问题，甚至可能出现恶心、头昏、睡眠障碍等躯体反应，不利于学生身心发展。

影响社交能力。厌学的孩子由于学习成绩不好，可能会受到老师、同学们的歧视，影响其社交关系的发展。另外，研究表明，厌学的孩子的社交意识较低，这样一来，孩子更容易自暴自弃，严重影响正常的人际交往。

引发社会问题。厌学的孩子通常伴有叛逆心理，喜欢搞恶作剧、欺负弱小同学，严重者还会出现拒学、逃学等现象。此外，小学生辨别是非能力较弱，很有可能与社会不良人士交往，从而走上违法犯罪的道路，引发一系列社会问题。

厌学的原因

学习目标不明确。学习目标是个体学习的动力之源。如果孩子不明白学习的目的，在学习过程中往往会缺乏主动性，完全被老师和家长的想法所左右，对于学习安排没有自己的想法和想要达成的目标，那么一旦学习受挫，很容易退缩，表现出厌学倾向。

学习方法不当。学习方法不当的学生又被称为"效率低下的勤奋者"。就时间而言，这类学生的付出丝毫不亚于班级里的尖子生，然而由于学习方法不当，学习成绩远逊于尖子生。他们在学习中极易体验到挫败感，难以感受到成功的喜悦，故而大多对学习持负面态度。长此以往，他们容易发展成厌学群体。

家长期望过高。当家长对孩子的学习期望过高时，孩子由于诸多因素一直无法达到父母的要求，容易产生挫败感，最终产生厌学。此外，高期望的家长往往注重成绩而忽视学习过程，导致孩子觉得自己是在为家长而学习，削弱了学习的积极性。

家庭教育方式不当。有些家长在孩子失败时严厉批评或斥责，会严重打击孩子的自尊和自信心，使得孩子逐渐丧失学习兴趣，放弃学习。

标签效应。学习成绩不太好的孩子很容易被贴上标签，成为"坏孩子""差生"。但孩子往往有很强的自尊心，类似标签会让他们非常苦恼，也会让他更加反感、远离学习。

应对之道

引导孩子设定正确的人生目标。家长有必要引导孩子，帮助孩子设定正确的人生目标。首先要确定自己期望拥有怎样的人生，再选取能够达成这个目标的工具及方式方法。比如说，孩子想成为一名医生，那么家长要让其明白达成这个目标需要付出什么样的努力，从而唤起孩子的学习动力。

合理制定对孩子的期望值。家长期待太高或太低，都容易让孩子产生挫败感。合理的期望要建立在现实情况的基础上。家长要根据孩子的个性和年龄特点，建立比孩子现有水平更高且能达到的期待。比如，孩子背熟一篇古诗后，试着记住一篇短文。

训练孩子的学习意志力。坚强的学习意志力在学业成绩提升方面能发挥重要作用。家长可以通过训练学生的学习意志力，提升学生学业成就感，减少出现厌学的概率。学习意志力训练可以具体为，如先集中学习20分钟，然后休息5分钟，再学习20分钟等。

帮助孩子找到适合的学习方法。家长需要引导孩子建立合理的学习方法。如根

每天学点心理学：小学生心理健康知识手册

据自己的学习情况和学习水平制订合理的计划，深度思考基础知识，巧用错题集，科学用脑、合理安排时间等。家长更重要的是帮助孩子寻找适合的学习方法，构建属于孩子的知识框架，提升学习获得感。

营造一个宽松积极的学习环境。家长可以通过营造宽松积极的学习环境，强化孩子的社会支持体系，培育孩子对学习的热爱，从根本上解决厌学的问题。一方面，家长应多用表扬教育，帮助孩子重拾学习自信心。另一方面，父母可以通过平等对话、学习挫折积极引导、和谐家庭构建等为孩子营造宽松积极的家庭学习环境，强化孩子的社会支持体系，让孩子无包袱去学习，体验学习乐趣。

心理小贴士

认识"最近发展区"，挖掘孩子潜能

"最近发展区"理论指出，学生有两种发展水平：一是学生现有的水平，即独立活动时能达到的水平；二是学生可能的发展水平，即通过教学所能获得的潜能。两种水平之间的差异就是最近发展区。基于这一理论，家长与孩子可以共同建立比现有水平稍高的目标，帮助孩子挖掘潜能，超越其最近发展区而达到下一发展阶段的水平。

20

家庭作业完不成，
如何摆脱拖延症？

案例导入

小王最近对孩子的学习感到十分发愁。孩子放学回到家就开始磨磨蹭蹭，一会上厕所，一会吃东西。他一到写作业时，就开始找东西，不是找不到书，就是找不到本子；不是丢了橡皮擦，就是笔没有笔芯……总之，除了写作业，他可以做任何事。

在家长会上，班主任也向小王反映，孩子的课堂作业总是最后一个交，而且字迹十分潦草，作业10道题中至少有5道是错的。尽管老师进行了多次批评，但孩子仍然改不了拖延的习惯。小王很奇怪，孩子以前明明很听话，为什么现在会变成这样。面对这样的状况，小王也束手无策。

心理解读

从案例中可以看出，小王的孩子在学习方面有明显的拖延行为。在当今社会，拖延成了一个热点话题，越来越多的人认为拖延给自己的生活和学习造成了巨大的影响。而拖延并非成年人的"专属"问题，小学生也面临拖延的困扰。随着年级的升高，小学生的作业逐渐增多，课程的难度也逐渐加大。面对这样的学习压力，有些学生会表现出积极性不高，不能及时完成学业任务，进而出现拖延的现象。对于小学生的拖延，研究者们称之为"学业拖延"，指学生在有限的时间内没有完成必要的学业任务，或者是临近后期才开始完成任务的行为倾向。

拖延的类型

趋利避害型拖延。受本能的驱动，学生会故意拖延给自己带来不舒服体验的行为，或延缓做那些引起自己焦虑的任务。在学校里，他们通常更愿意做自己喜欢的科目作业或简单的作业，作业难度越大，他们越拖延。

完美型拖延。它是指具有完美主义人格特质的个体表现出的拖延类型。从心理学的角度来讲，完美主义是一种追求事物尽善尽美的极致表现。具有完美主义倾向的学生，往往对自己的要求也很严苛。为了完美地完成任务，他们往往会做大量的准备，以期在做好万全准备后完美完成任务，而结果往往是直到最后都没有完成。

逆反心理拖延。有逆反心理的学生往往只在乎自己内心的感受，不愿意接受来自他人的意见、建议。对于自己喜欢做的事，他们会按时完成，而对于老师、家长安排的任务则不愿意完成。

拖延的危害

导致学习成绩下降。随着拖延程度的加剧，课后作业无法及时完成，知识得不到有效巩固，极易导致孩子学习成绩下降。鉴于知识具有连贯性，学生因拖延没能及时理解先前所学内容，会导致后续课程无法顺利完成，形成恶性循环。

降低学习效能。长时间的拖延，无法完成应该完成的任务，会使孩子难以体验到成就感，不能建立起健康的自尊以及面对困难的自信心，致使孩子变得容易退缩，不思进取。

影响孩子的身心健康。拖延行为会导致孩子无法正常完成学习任务，引发焦虑、抑郁、睡眠障碍等问题。

影响亲子关系。孩子拖延不但影响孩子的成绩和心态，也会使父母身心俱疲。面对孩子无休止的拖延，父母如果没能及时采取适宜的态度和应对方式，孩子则很难作出改变。长此以往，这样的状态会导致父母失去信心，亲子关系恶化（如引发亲子冲突），而不良的家庭氛围又会加重孩子的拖延。

造成拖延的原因

学习兴趣较低或偏科。学生对感兴趣的科目会更加用心，能够保质保量地完成，而对于不感兴趣的科目则会拖延。原本半小时能完成的任务，可能会多耗费两个小时，而且任务完成的整体质量也不高。

学习任务乏味或难度过大。学习材料枯燥乏味，或难度过高，让学生找不到学习的成就感或获得感，进而采取拖延行为，以降低学习乏味的任务或高难度任务带来的不适感。

时间管理不当。随着年级的升高，小学生的作业也逐渐增多，学习压力较大。很多学生在娱乐与学习、不同学习任务间缺乏有效的时间管理规划。这导致学生无法按时完成或匆忙完成一些重要的学习任务，出现拖延现象。

父母期待过高。父母对孩子在学习上的高期待，让孩子因短时间内难以达到而产生心理不适。孩子可能会倾向于采用拖延行为来缓解这种不适。如父母要求孩子在学习上名列前茅，除完成学校规定作业，还会布置额外的作业。高压紧逼会增加孩子的逆反心理，使孩子对学习产生排斥或厌恶情绪，引发拖延行为。

父母的拖延示范。孩子会观察并模仿父母的行为，父母的言谈举止会潜移默化地影响孩子。如果家长有拖延行为，那么孩子拖延的可能性也比较大。

环境干扰。如果家长没有提供一个良好的学习环境，如在家里打游戏或大声吵闹等，就会对孩子的学习造成干扰。因为在学习的过程中，一旦孩子的思路被打断，便难以重新集中注意力，学习效率会随之大大降低，导致学业拖延。

应对之道

激发学习兴趣。培养学生的好奇心和激发其求知欲是保持学习动机的关键。通过创造一个充满探索和发现的学习环境，让学习成为一种充满乐趣的行为。家长在条件允许的情况下，可以给孩子提供体验探索式的环境，如显微镜、地球仪等，来鼓励孩子进行实践探索。此外，父母应鼓励孩子多提问，并引导他们独立思考和解决问题。

选择适合的学习材料。为了让孩子从学习中获得成就感和乐趣，家长应选择与孩子能力相匹配的学习材料。比如，孩子在掌握加减法后，再逐步引导他们学习乘除法。

建立合理的父母期待。父母的期望应与孩子的能力相匹配。"望子成龙，望女成凤"是大多数家长对孩子的殷切期待，但如果这些期望超出了孩子的能力范围，可能会对孩子造成压力，甚至引发叛逆心理。家长应根据孩子的实际情况，合理设定期望。

提升孩子的时间管理能力。帮助孩子学会时间管理，了解何时他们的状态更好，并根据任务的优先级进行合理安排。这将有助于孩子形成时间观念，并养成良好的时间管理习惯。

父母以身作则，对拖延说"不"。父母应该以身作则为孩子树立榜样，避免拖延，做到当日事当日毕。这样，孩子在潜移默化中逐渐学会如何有效管理时间，并完成任务。

营造良好的学习环境。家长应为孩子提供一个有良好光照、安静的学习空间。适当的光线和安静的环境有助于孩子集中注意力，提高学习效率。

心理小贴士

拖延症是病吗？

判断孩子是否有拖延症的问题以及拖延水平可以通过下面的量表来测试。

题目	完全不是	大部分不是	不确定	大部分是	完全是
1.我发现自己经常在做几天前就打算做的作业。	1分	2分	3分	4分	5分
2.我总是在快考试时才开始复习。	1分	2分	3分	4分	5分
3.当我看完同学的书，不管他有没有要，我都会马上归还。	5分	4分	3分	2分	1分
4.早晨起床时，我通常不会赖床。	5分	4分	3分	2分	1分
5.作业写好后，过几天才交给老师。	1分	2分	3分	4分	5分
6.快开学了，我才开始写暑假作业。	1分	2分	3分	4分	5分
7.即使作业很简单，我也好几天完不成。	1分	2分	3分	4分	5分

题目	完全 不是	大部分 不是	不确定	大部 分是	完全是
8.我经常推迟必须完成的学习任务。	1分	2分	3分	4分	5分
9.我经常匆匆忙忙地按时完成作业。	1分	2分	3分	4分	5分
10.准备上学时，我才开始收拾书包。	1分	2分	3分	4分	5分
11.作业该交了，我还在做其他无关的事。	1分	2分	3分	4分	5分
12.我能提前完成学习计划。	5分	4分	3分	2分	1分
13.作业布置之后，我马上开始做。	5分	4分	3分	2分	1分
14.我通常提前完成作业。	5分	4分	3分	2分	1分
15.我总是在最后一刻才开始写作业。	1分	2分	3分	4分	5分
16.即使是非常重要的考试，我也总是拖到 最后一刻才准备。	1分	2分	3分	4分	5分
17.计划一天内完成的学习任务，我会按时 完成。	5分	4分	3分	2分	1分
18.我习惯说"明天再做作业吧"。	1分	2分	3分	4分	5分
19.我总是完成所有的作业后才去玩。	5分	4分	3分	2分	1分

　　量表包括19道题目，家长可以根据表格进行打分。全部项目得分求和即可得出个体的拖延水平，分值越高表示拖延程度越高。50分以下为非拖延者，50～60分为中度拖延者，60分以上为高度拖延者。

21

孩子好动易走神，如何提升专注力？

案例导入

上小学四年级的欢欢同学，最近因为上课经常走神，被班主任批评了。如数学课上，老师刚开始讲课，欢欢就坐立不安了，一会儿左顾右盼，一会儿交头接耳，一会儿又呆呆地望着窗外……一节课

下来，欢欢基本没有听老师讲了什么。

回到家里，欢欢的妈妈发现他做作业时很不专注，经常一只手拿着笔，一只手拿着玩具，不停地翻动着。妈妈忍不住说道："欢欢，我跟你说了多少次，写作业的时候不能玩玩具，等写完了再玩，你怎么总是不听呢？"听到妈妈的责问，欢欢不情愿地放下手中的玩具，低头开始写作业，但不一会儿，他又开始玩笔、抠手。对此，欢欢妈妈感到非常苦恼。

心理解读

从案例中我们可以了解到，妈妈的烦恼主要源自欢欢的学习专注力不足。所谓专注力，是指一个人在进行某项活动时，能够持续将注意力集中于当前任务，而忽略其他无关事物的能力。专注力对促进个人的发展，实现人生目标至关重要。专注力也是学习的基础，只有集中注意力，才能更有效地吸收和理解新知识。因此，提高孩子专注力的重要性不言而喻。

第三篇 学习篇

缺乏专注力对儿童的危害

影响学习效果。孩子如果缺乏专注力，容易被周围环境分散注意力，导致上课时无法及时理解老师讲解的内容，影响课堂知识的掌握。这种状态可能导致课后作业完成困难，形成学习上的恶性循环，导致学习成绩下降。

影响心理健康。孩子因为专注力不足可能经常会受到老师或家长的批评，自信心会慢慢削弱。长期如此，孩子可能会产生挫败感，甚至可能引发心理问题。

影响未来生活和发展。专注力是实现个人短期和长期目标的关键因素。它帮助个人识别并专注于当前最重要的任务，排除干扰。如果儿童时期未能培养良好的专注力，可能会影响他们将来在生活和职业发展中的效率和成功率。

影响儿童专注力的因素

孩子自身的发展特点。小学生还处于智力快速发展阶段，他们对周围环境充满探索欲望。这个年龄段的孩子往往自制力不足，容易受外界干扰，一旦注意力分散就很难集中。

外界环境的干扰。孩子很容易受外界刺激的干扰。家庭是孩子生活学习的主要场所，当孩子在学习时，家中的电视声音、谈话声或其他声音都可能影响孩子的专注力。

缺乏专注力训练与教育。专注力是一种可以通过学习和训练得到提升的能力。家长如果忽视了对孩子专注力的培养，孩子可能难以形成持久专注的习惯，这种培养需要从生活中的小事做起，逐步引导。

父母的教育方式。父母的教育方式也是影响孩子专注力的重要因素之一，过于急躁、严厉的教育方式会导致孩子专注力缺失。

互联网的影响。随着互联网的发展，各种App、短视频、在线游戏等严重影响着孩子们专注力的培养。

应对之道

培养孩子的兴趣。俗话说，知之者不如好之者，好之者不如乐之者。兴趣是孩子最好的老师，当孩子乐于学习时，那么专注力自然也就形成了。家长应该主动培

每天学点心理学：小学生心理健康知识手册

养孩子的兴趣爱好，比如画画、音乐、手工等。在平时生活中，家长要细心观察孩子的兴趣爱好，并尊重孩子的选择与爱好，从而培养其专注力。

提供良好的家庭环境。活泼好动是孩子的天性，所以家长要耐心地培养孩子的专注力，从生活中的小事开始。比如当孩子在玩玩具时，一次只给一种玩具；当孩子学习时，家长要提供一个安静温馨的环境。久而久之，孩子抗外界干扰的能力就会增强，也能获得培养专注力的环境基础。

进行专注力训练。家长可以通过参与孩子的活动，如绘画、下棋等，有意识地训练孩子的专注力。在这一过程中，家长应避免在孩子专注于某项活动时随意打断他们，对于分心的行为应耐心引导，分析原因并共同寻找解决办法。同时，对孩子的专注行为应及时给予正面强化，如完成任务后的鼓励和表扬。

成为孩子的榜样。孩子往往会模仿父母的行为。因此，家长在要求孩子专注学习的同时，自己也应树立专注工作或阅读的榜样。孩子看到父母专注的样子，更有可能模仿这种行为，从而培养出持久的专注力。

合理使用互联网。互联网提供了丰富的信息和学习资源，但也可能分散孩子的注意力。对于自控力较弱的小学生，家长应限制孩子上网的时间，并在必要时指导孩子如何合理使用网络资源，以避免过度分散注意力。

心理小贴士

孩子是否属于注意缺陷多动障碍？

当孩子出现注意力不集中，不能专心听课时，家长往往会产生疑问：孩子是否有注意缺陷多动障碍？其实并不一定。家长可以根据以下行为去初步判断孩子是否有注意缺陷多动障碍。关于注意缺陷多动障碍，《精神障碍诊断与统计手册》第五版给出的诊断标准如下：

如果孩子出现下列症状中的6项或更多，并持续至少6个月，且达到了与发育水平不相符的程度，并影响到了学习。

1.经常不能关注细节或作业，或在其他活动中粗心大意。

2.在学习或游戏活动中经常难以维持注意力（例如，在听课、对话或长时间的阅读中难以维持注意力）。

3.当别人对他讲话时，经常看起来没有在听（例如，即使在没有任何外界干扰的情况下，也心不在焉）。

4.经常不按照指示做事，导致不能完成作业（例如，可以开始任务，但很快就失去注意力，容易分神）。

5.经常难以组织任务和活动（例如，难以管理有条理的任务，难以把材料和物品放得整整齐齐；不良的时间管理，不能遵守截止日期）。

6.经常回避、厌恶或不情愿从事那些需要持续努力才能完成的任务（例如，家庭作业）。

7.经常丢失物品（例如，笔、书、钥匙等）。

8.经常容易被外界的刺激分神。

9.经常在日常活动中忘记事情（例如，忘记洗漱、收拾衣物）。

以上仅是初步的判断，注意缺陷多动障碍还需要医生的专业确诊。

22

孩子学习难变通，
如何培养灵活性？

　　10岁的豆豆是大家眼中的好孩子，听话安静，每天按时起床、吃饭。每天放学回家，豆豆就立马开始写作业，从不拖延。但让豆豆妈妈苦恼的是，孩子虽然非常听话，但为人处世死板，用老人的话来讲就是"一根筋"。

　　在日常生活中，豆豆习惯了听爸妈的话，没有主见，也不会灵活变通。有一次，妈妈让豆豆去买醋，家里用的醋是瓶装的，但店里的老板说瓶装的醋卖完了，只有袋装的，不过品质是一样的。最后豆豆没有买，因为她认为醋就应该是用瓶装的。

　　在学习上，虽然豆豆很认真，但是经常有很多作业不会写，成绩也一般。老师讲完的题，换一种说法，她就不会做了。面对这样的情况，豆豆妈妈非常着急。

心理解读

　　生活中很多家长面对孩子的"一根筋"都会非常苦恼。为什么孩子不能灵活应对生活中的琐事以及学习中的问题呢？可能是因为孩子缺乏"认知灵活性"。

什么是认知灵活性？

　　认知灵活性是指灵活地从一个情景转移到下一个情景，根据需求变化，改变思维方式或做事方式。这种能力在学习和生活中都至关重要。一方面，生活处于不停地变化中，拥有良好的认知灵活性，才能在情景发生变化时做出快速灵活的反应。另一方面，学习是一个主动的过程，学生只有积极参与到学习过程中去，在原有知识的基础上对新知识进行加工理解，并举一反三，才能在认知能力方面实现质的提升。然而，案例中的豆豆由于认知灵活性较低，将原有经验和知识运用到新环境的能力较弱，思维僵化，因此无法用学过的方法解决相似的问题。

缺乏认知灵活性的负面影响

缺乏创造性。 认知灵活性能够从全新视角审视生活，让人们在面临各类问题时灵活应对，摆脱固有模式的束缚。它对于孩子的适应性和创造力极为关键，也是创造力的显著特征之一。所以，缺乏认知灵活性的孩子容易思维固化，倾向于因循守旧，难以创新以及超越自我。

社会适应不良。 认知灵活性较低的孩子通常表现得比较固执，难以应对环境变化带来的新要求，无法融入新集体、新环境当中。易出现的适应不良问题包括情绪问题、人际问题、学习效率低下等。

影响学习成绩。 研究表明，认知灵活性欠佳的孩子往往存在学习方面的问题，尤其是数学成绩相对较差。

影响认知灵活性的因素

年龄。 认知灵活性的发展呈现出显著的年龄特征。自孩子出生时，认知灵活性便开始萌芽，在幼儿5个月时开始具备；3岁时基本能够运用生活中获取的经验去处理相对复杂的任务；4到5岁是认知灵活性发展的关键期；6到10岁是儿童认知灵活性的快速发展阶段。

情绪因素。 孩子的情绪会对认知灵活性产生影响。研究表明，积极的情绪对孩子的认知灵活性具有促进作用，而消极情绪会对认知灵活性产生阻碍。并且，情绪对儿童的影响相较于青少年和成人更为显著。如果孩子时常心情愉悦，会更愿意去尝试不同的事物，思维也会更加灵活。

投入程度。 学习过程中的投入程度也是影响孩子认知灵活性的重要因素。有些孩子仅仅停留在学习知识的表面，并没有进行深层次加工。这样的学习习惯是导致孩子思维僵化的主要原因。此外，学习投入程度低，意味着基础不够扎实，也没有充足的知识积累，在面对不同问题时，自然谈不上灵活运用经验来解决问题。

任务难度。任务难度同样会对认知灵活性产生影响。当孩子面对的任务过于困难，超出了自身当前的能力，这会让孩子产生无助感，认为自己无法解决问题，长此以往，将影响孩子认知灵活性的培养。

父母教育。儿童的认知灵活性从3岁起不断发展，因此父母的教育方式以及家庭氛围是儿童认知灵活性发展的关键。民主的教育方式和宽松的家庭环境更容易培养孩子的认知灵活性。

应对之道

建立宽松的家庭环境。家庭环境对孩子的成长起着十分重要的作用。当父母过于刻板严肃的时候，孩子便不会有充足的思考空间和灵活的思维。只有给孩子更多的宽容和理解，孩子才会迸发出众多奇思妙想，并不断延伸到其他方面。此外，宽松的家庭环境还能让儿童的情绪更加稳定和积极，有助于更好地培养孩子的灵活性。

给予孩子"开放式"的家庭教育。"开放式"的家庭教育，即在合理的家庭规则下，让孩子自由发挥，平时可让孩子参与到家庭决策中来。例如，家庭需要购置家具，可以让孩子找款式、比价格、对比材质等。在这个过程中，父母可以告诉孩子要注意哪些方面，然后让孩子做决定。这样，孩子会获得巨大的思考空间，投入程度更深，从而积极思考，打破呆板的思考方式，积极地调动之前所学的经验运用于解决新问题。

带领孩子体验更多的事物。家长可以鼓励孩子体验不一样的事物，比如新的食物、新的穿衣风格等。家长通过引导孩子体验新事物，能够有效减轻孩子对新事物的恐惧感和陌生感，从而打破固有、僵化的思维模式。

引导孩子尝试多种方式。在日常生活中，父母要多引导孩子尝试多种方法做同一件事情。比如，用不同的交通工具、走不同的路线回家；吃饭时，可以用筷子、用勺子，还可以用叉子；玩游戏时，可以体验不同的游戏规则……在学习时，家长试着引导孩子用不同的方式解同一道题，甚至孩子可以自己出题，对一道题进行各种改编——变数字、变条件、改问题等，然后再去做。通过这种方式，让孩子意识到，做事不一定要按自己惯常的方式，换一种方式也会别有洞天。

打好基础。在学习方面，孩子如果基础不扎实，那么在面对复杂的问题时会束手无策。数学科目尤其如此，所以当孩子上课认真听，作业认真写，但碰到题就是不知道如何解答时，就要思考是否基础不牢固，因为"举一反三"中，"举一"是"反三"的前提。这个时候家长要引导孩子梳理基本概念、基本知识，加强计算，只有夯实了基础，孩子面对各种各样的题目才不至于一头雾水。

多问为什么。生活中可以多问问孩子为什么。例如，为什么选择天然气而不是电磁炉？为什么屋里经常要通风？通过这些"为什么"让孩子思考事物的本质，用心投入生活，在点点滴滴中培养孩子的思考能力，从而促进认知灵活性的发展。在学习上，当家长发现孩子作业中有不对的地方，不要马上告诉孩子答案，而是多问问为什么，让孩子明白自己错在哪。孩子只有认真思考事物的本质，才可能学会灵活运用。

心理小贴士

驴子自救的启示：培养孩子的认知灵活性

农夫养了一头驴子，某一天驴子掉进了一口枯井里，为了救出驴子，农夫绞尽脑汁，尝试了多种办法，还是没有把驴子救上来。于是，农夫只好放弃。他想，这头驴子年纪大了，不值得大费周章去把它救出来。为了防止人或动物再掉下去，农夫决定把这口井填起来。

农夫请来邻居，他们人手一把铲子，将泥土铲进枯井中。驴子以为自己马上就要被活埋了，叫得很凄凉。但出人意料的是，一会儿之后，这头驴子就安静下来了。农夫好奇地探头往井底一看，眼前的景象令他大吃一惊！当泥土落在驴子身上时，它机智地将泥土抖落，然后站到泥土堆上面，最终得以脱险。

这头聪明的驴子，一改固有的认知，在危难面前找到自救的方法，体现了认知灵活性的重要性。

生活中，家长应多给孩子一点不一样的体验，让孩子可以用更多元的方式面对这个世界。

第四篇
交往篇

23

孩子行为粗鲁没礼貌，
如何助其学会恭敬与谦让？

案例导入

小新今年8岁了，学习成绩很好，但是很不懂礼貌，行为粗鲁。例如，家里来客人时，小新从来不会主动打招呼，也从不说"谢谢"。父母有时也想批评他，但觉得孩子还小，何况学习成绩还不错，没必要要求那么多。他们相信孩子以后慢慢就会懂事了，所以没有太在意。

一天，父亲带小新去参加一个正式的晚宴，发现孩子站没站相，坐没坐相。别人还没入席，小新就坐在了正中位，旁若无人地吆喝服务员要饮料，甚至对服务员破口大骂。吃饭时，菜一上桌，他就伸筷子夹，看到自己喜欢的菜，小新就将整盘端到自己面前，就像在自己家里一样。虽然客人都说"没关系，没关系"，但父亲还是觉得如坐针毡，难堪至极。

心理解读

在现实生活中，我们发现部分孩子存在小新表现出的"熊孩子"行为。例如：吃饭时，把脚高高抬起放在餐桌上；在公共场合故意制造噪声，大喊大叫，影响他人休息。甚至还有一些关于"熊孩子"的负面新闻，例如：在社区辱骂环卫工人，对环卫工人吐口水，等等。对于"熊孩子"的这些不良行为，我们总会听到有一些声音为其辩解：他还只是个孩子，不懂事而已。实际上，"熊孩子"那些看似微不足道的行为，往往暴露出孩子在成长过程中缺乏必要的行为规范教育。

什么是"熊孩子"？

"熊孩子"这一称呼泛指那些惹人讨厌的孩子。也可用作对调皮的孩子的爱称。但现在网络上对"熊孩子"的理解倾向贬义，泛指那些在公众场合做出无礼举动，影响他人的孩子。

"熊孩子"主要有以下特征：一是以自我为中心，不在乎别人的感受。例如，吃饭时爱吃的只能自己吃，逛街时想要的玩具拿不到手决不罢休，等等。二是不懂礼貌。如直呼长辈名讳，不知道礼貌用语，等等。三是行为粗鲁，影响到他人。

任由"熊孩子"发展的危害

不利于孩子性格发展。性格是个人道德行为和风格的表现，受世界观、人生观和价值观的影响。如果孩子从小养成不良行为习惯，如粗鲁无礼，他们长大后可能会因不符合社会期望而遭受批评和排斥，导致认知失调。若未得到及时纠正，可能形成不健康的性格特征。

人际关系障碍。"熊孩子"往往表现出较多的攻击性行为和违纪等外化问题。他们任性、霸道，在学校环境中更容易对他人表现出敌意，倾向于欺负他人且不善合作，这些特征往往导致他们被同伴排斥。此外，外化问题行为较显著的"熊孩子"通常会受到教师更多的批评。而小学阶段的学生在选择同伴时，往往以教师、家长的评价为重要参考，这进一步导致外化问题行为较多的"熊孩子"更容易遭到同伴的排斥。这种不良的人际关系模式可能会持续至孩子成年后，影响他们与身边人的相处方式，甚至波及他们未来在恋爱中的亲密关系等。

家庭和谐受影响。孩子的不良行为不仅影响个人发展，也影响家庭氛围。家长可能最初对孩子的不良行为持宽容态度，但随着孩子成长，行为模式固化后难以改变。青春期的叛逆可能加剧亲子矛盾，导致家庭成员间的责任推诿和矛盾冲突。

不利于社会稳定。孩子是国家的未来，如果未能健康发展，可能会走向歧途，如加入不良团体或从事违法行为，将对社会和谐稳定构成威胁。

发展成为"熊孩子"的原因

儿童道德认知发展局限。孩子的道德发展需要较长时间。孩子年龄较小时，缺乏对道德行为的认识。他们不理解什么是对的，什么是错的，全凭自己的需求做出行为反应。而且他们也很难控制自己的行为，有时他们的行为只是无心之举。因此，孩子在道德发展阶段需要父母悉心教导，否则，容易养成不良的行为习惯。

缺乏良好的学习榜样。"观察学习理论"指出，孩子的大多数行为是通过观察成人的行为，进行学习和内化而来的。因此，在日常生活中，父母或他人的粗鲁行为很容易被孩子模仿，导致孩子形成不好的行为习惯。

缺乏正确的家庭教育理念。现代家庭模式中，部分家长缺乏正确的教育理念。一方面，有些家长或者祖父母出于对孩子的宠爱，看到孩子的粗鲁行为，都会以"孩子还小"为借口而不去管教。另一方面，当孩子在公众场合做出不合理举动时，父母会觉得自己丢了脸面而当众侮辱打骂孩子，导致孩子出现叛逆心理。

不良社会风气影响。由于自身的对错意识薄弱，孩子容易受到社会不良行为的引导，而学习到许多脏话或不良行为。

应对之道

抓住孩子道德发展关键期。根据道德发展理论，孩子在10岁前是建立正确道德观念的关键时期，尤其0~6岁是语言发展的重要阶段。家长应教导孩子使用文明用语，如"谢谢""你好"等基本礼貌用词。

增强孩子对文明行为的认知。随着孩子的认知和社会性发展，孩子可能会接触到一些不文明用语，父母应积极主动和孩子交流，了解他们使用这些语言的原因，并解释这些词汇的不当之处，以及可能对他人造成的伤害，引导孩子理解文明用语的重要性。

以身作则，树立榜样。"孩子是父母的镜子"，父母的一言一行都会被孩子观察和模仿。如果家长希望孩子形成良好的行为习惯，首先自己要做到文明用语，杜绝说脏话和一些侮辱性词汇；礼貌待人，对他人的帮助表示感谢，对自己的过失表示歉意等；在日常行为中做到"站没站相，坐没坐相"等，给孩子起到示范作用。

给孩子制定规矩。 在日常生活中，父母应当给孩子制定规矩，如禁止说脏话，不能将脚放在饭桌上等，引导孩子养成良好的行为习惯。

与孩子沟通，正确引导。 首先，当发现孩子存在不良行为时，父母可以适当表达自己对这些行为的失望。一个体贴的孩子会体谅父母的感受，不会重复错误的行为。其次，父母要及时与孩子沟通，多倾听孩子的内心，引导他们走出道德困境。最后，当孩子因不遵守规矩而犯错时，父母应该及时和孩子沟通，让孩子意识到这样做会造成什么后果。例如，当孩子把脚放在饭桌上时，父母应该及时让孩子知道，鞋子上的泥土会掉在饭菜里，这样饭菜就不卫生了；把脚放在桌子上可能会摔跤，也可能会打翻桌子；等等。这样做能帮助孩子认识到自己的错误，从而进行改正。

给孩子提供良好的成长环境。 成长环境不仅仅指家庭环境，校园环境和网络环境等也会对孩子的成长产生重大影响。在生活中，父母应该密切关注孩子的网络环境，管控孩子的上网时间，并密切关注孩子浏览的内容，以防不良网站对孩子的成长造成危害。另外，父母应该尽可能地考察孩子的校园环境，为孩子挑选一个学风优良的校园环境，以免孩子在学校受到不良少年的影响。

心理小贴士

孩子出现不良行为，家长应如何示范和引导？

在一列高速行驶的高铁上，一名女子遭遇后座孩子不断踢踹座椅靠背的困扰。尽管她多次礼貌地提醒孩子停止这种不当行为，但状况并未得到改观。令人遗憾的是，孩子的父母非但没有及时纠正孩子的行为，反而与女子发生了激烈的争执，最终演变为肢体冲突。这种情况下，家长实际上成为了孩子不良行为的纵容者，这种放任自流的教育方式显然是不恰当的。

这一事件凸显了家长在孩子成长过程中的重要作用以及正确教育观念的重要性。家长不仅是孩子的监护人，更是他们的引导者和榜样。因此，在日常生活中，家长应当首先以身作则，展现出良好的行为和态度，树立正确的教育观念，并深刻认识到品德教育的至关重要性。家长可以通过讲述富有教育意义的故事、共同观看教育影片等方式，向孩子传递积极正面的价值观，让孩子从内心深处理解尊重他人是一种基本的美德。

此外，家长可以运用角色扮演的游戏方法，帮助孩子更好地理解和遵守社会规则。例如，通过模拟公共场合的场景，家长和孩子可以分别扮演不礼貌的行为者和被打扰的人。这样的角色扮演能让孩子亲身体验到被干扰的感受，从而更深刻地理解为何在公共场合不能影响他人。

24

孩子交友敏感不合群，如何融入新集体？

案例导入

小花今年7岁，曾经是个活泼开朗的孩子，在幼儿园时交了许多好朋友。今年她上小学一年级，一个学期过去了，小花却一个好朋友都没有交到。在学校，她不爱说话，总是一个人默默地待在角落里。上课时，她总是低着头，从不举手发言，老师问她问题时，她也低着头不说话。

有一次，班上的同学小爱主动找小花玩，小花却默默低头走开了。当小爱带着几个同学一起来找小花玩时，小花竟然放声大哭起来，并大声喊道："我不要和你们玩，我不要和你们玩。"

心理解读

现实生活中，有些孩子和案例中的小花一样，当他们换到一个陌生的新环境后，会变得不爱与人交流，社交敏感、不合群，也就是现在常说的"社恐人士"。事实上，早在20世纪80年代，"社交恐惧症"就作为一种恐惧症被人们所关注。当社交焦虑的症状严重影响人们的生活时，则有可能被临床诊断为"社交恐惧症"。

什么是"社交恐惧症"?

社交恐惧症,也称为社交恐怖症或社交焦虑障碍,是一种常见的焦虑性障碍,属于恐惧症的一种类型。事实上,正常人对社交活动场合也会有一定的紧张、焦虑情绪。判断是否为社交恐惧,关键从这种恐惧发生的合理性以及是否产生回避行为和影响社交功能综合考虑。社恐人士通常害怕被人审视,一旦发现被他人关注,就会变得不自然、不敢与人对视等。他们不敢在公共场合演讲,聚会时不敢主动交谈,刻意回避社交。部分患者会通过物质滥用(如酒精)来缓解焦虑,但这可能导致物质依赖或其他相关问题。

"社交恐惧症"的类型

广泛型:害怕并回避多种社交场合,甚至长期脱离社会,无法正常工作和学习。

特定型:害怕某种特定的情景,一般情况下可能没有症状,只是在遇到令其害怕的场景或进入某种场景时会有害怕和焦虑的表现。

"社交恐惧症"的特征

具有社交恐惧症的青少年会有较多负面的自我评价,认为自己表现糟糕,对他人缺乏吸引力,人际交往能力下降,社交圈比较狭窄,通常会表现出害羞、孤僻,并避免眼神交流,可能还会伴有心悸、出汗、脸红、身体发抖等症状。

"社交恐惧症"的危害

影响孩子性格发展。在孩子成长过程中,同伴关系对孩子的社会性发展起着不可或缺的作用。同伴是儿童情感支持的一个重要来源,可满足儿童人际归属需要以及尊重的需要,对孩子性格的发展非常重要。"社交恐惧"会影响同伴关系,进而可能导致孩子出现退缩、孤僻、冷漠等性格问题。

影响孩子的学业成绩。"社交恐惧"的孩子容易出现社会适应困难,进而影响学习成绩。在校园里,与同学和老师的疏离会让孩子缺乏学习上的帮助,学习中的问题就得不到解决,进而会影响孩子对后续学习的理解,导致学习成绩下降。

影响孩子的亲密关系。"社交恐惧"会导致孩子与外界产生距离感,缺乏与他人交往的能力与技巧,难以和他人建立亲密关系,也可能会让孩子在未来的恋爱关系中形成不安全依恋。而这种不安全依恋具有传递性，也会继续影响孩子的下一代。

影响孩子的心理健康。"社交恐惧症"与焦虑、恐慌等负性情绪高度相关，容易引发人际关系问题及相关精神障碍。例如，"社交恐惧症"会形成社交退缩或情绪表达减少，以避免他人预期的负面评价。这些焦虑行为可能会削弱友谊，导致被拒绝，进而增加绝望感，最终出现抑郁症状。而且纵向研究表明，有"社交恐惧症"的青少年和青壮年在2~5年的随访期间更容易经历抑郁障碍。

产生"社交恐惧症"的原因

性格原因。不同性格的孩子对待外界环境的态度有所不同。有些敏感的孩子行为保守谨慎，只有确定环境绝对安全，他们才愿意接触外界。

父母是"社恐人士"。一方面，研究表明，在儿童和成人双胞胎样本中，"社交恐惧症"的遗传性范围为14%~55%。这表明"社交恐惧症"具有中度遗传性。另一方面，日常生活中，如果父母存在"社交恐惧症"，较少与外界接触，在这样的情况下，容易增加孩子对外界的距离感和不信任，并缺乏必要的社交技能。因而，孩子可能也较少与外界接触。

父母不当的教养方式。父母的教养方式不当也有可能导致孩子产生"社交恐惧症"。如在亲子互动过程中，父母过多的批评与指责会引发孩子的自我怀疑，产生人际退缩等行为。

沉迷网络。对虚拟世界的依赖也逐渐增加孩子们对现实世界的距离感，这会使孩子对现实世界的人和物持陌生和怀疑态度，引发对现实世界的社交焦虑。

遭受暴力。儿童时期遭受到的暴力（包括家庭暴力、校园暴力、网络暴力等）都会给孩子造成不可磨灭的伤害，比如容易对他人不信任或恐惧交流，而且这种伤害可能是终身的。

生活环境发生重大变化。生活中出现重大变故，如亲人离世、父母离异等，都会给孩子的生活带来巨大的改变。尤其是对于情绪敏感的孩子，仅仅是转学或搬家，都会因为对陌生环境的恐惧而产生"社交恐惧症"。

培养健康的兴趣爱好。父母可以培养孩子的兴趣爱好，让他们参与更多的兴趣活动。一方面，这样可以减少孩子的上网时间，培养健康的生活方式；另一方面，孩子可以通过这些兴趣爱好找到兴趣相投的朋友，逐步与他人建立稳定而亲密的关系，从而减少"社交恐惧"。

参加户外活动。父母应该在假期多带孩子参加户外活动，例如参加志愿者活动、亲子旅游等，增加孩子与他人交往的机会，帮助孩子克服与外界接触的恐惧，锻炼孩子的社交能力。

对孩子的人际不适行为积极引导。当孩子表现出对新环境不适应时，父母应该多与孩子沟通交流，了解孩子需求，让孩子充分感受到父母的关爱和尊重。不要一味地批评、指责或说教，在了解到具体情况后，再提出解决问题的办法。

营造安全的成长环境。在任何时候，家长确保孩子成长环境的安全都是至关重要的。父母应避免家暴行为，为孩子营造一个和谐、无暴力的家庭氛围。此外，家长应与学校合力，加强对校园霸凌的预防和干预，提升孩子自我保护的意识和能力。

及时带孩子进行心理治疗。研究表明，有一些心理治疗能有效缓解和治疗"社交恐惧症"，例如系统脱敏疗法、行为疗法、放松疗法等。

心理小贴士

儿童社交焦虑量表（SASC）

临床诊断中，"社交恐惧症"会严重影响人们的生活，并伴有其他的心理疾病，如抑郁、恐慌障碍等。如果发现孩子有明显的社交恐惧症状，建议前往专业的精神科进行临床诊断，并配合专业的心理治疗。关于儿童社交恐惧的测量可以参考以下儿童社交焦虑量表（SASC）。

请指出每句话的适用程度	A.从不是这样	B.有时这样	C.一直这样
1.我害怕在别的孩子面前做没做过的事。			
2.我担心被人取笑。			
3.我周围都是我不认识的小朋友时，我觉得害羞。			
4.我和小伙伴一起时很少说话。			
5.我担心其他孩子会怎么看待我。			
6.我觉得小朋友们取笑我。			
7.我和陌生的小朋友说话时感到很紧张。			
8.我担心其他孩子会怎么说我。			
9.我只同我熟悉的小朋友说话。			
10.我担心别的小朋友会不喜欢我。			

　　儿童社交焦虑量表（SASC）操作解释指导：本量表为最新的10个条目版本。条目使用3（0~2分）级评分制，选择A得0分，选择B得1分，选择C得2分，分数越高焦虑程度越重，总分≥8分表示有社交焦虑障碍的可能。

25

长幼无序，目无尊长，尊老爱幼品质如何养成？

案例导入

甜甜今年9岁了，一直和父母生活。近期，甜甜的父母休假，就把甜甜的外公外婆接到城里来玩。可是，甜甜看到外公外婆，既不叫他们，也不主动和他们说话。甜甜的父母只当是孩子和外公外婆关系不亲密，并没有太在意。

一天，甜甜说要去游乐场玩，一家人便陪着她。但是因为游乐场的过山车速度太快，再加上老人身体不适，甜甜的外婆一下来就在路边吐了起来。甜甜不但没有关心，反而在一旁责怪起来："你看，就说让你别来，来了还添乱。"对此，甜甜的妈妈很生气，觉得甜甜不懂得尊重长辈，便打了她一巴掌。甜甜大哭起来，一边哭还一边责怪妈妈："谁让你要接他们过来的，都怪你。"

心理解读

尊老爱幼是中华民族的传统美德。简单来说，就是尊重长辈，爱护幼小。具体到生活中的小事，比如给老人或小孩让座、主动给长辈盛饭、向长辈问好等行为。但现实生活中，我们也会看到孩子不太主动和长辈打招呼，甚至对长辈大呼小叫的现象。为什么孩子会出现"长幼无序，目无尊长"的现象呢？孩子的这种行为又会对其发展产生什么影响呢？

孩子"长幼无序，目无尊长"可能带来的危害

影响孩子道德品质的发展。孝道在人的社会性发展中具有基础性作用，它不仅体现在家庭中孝敬父母，也体现在公众生活中对长幼有序的遵循。若孩子不遵从"尊老爱幼"传统美德，长大后很可能会缺乏正确的是非观和敬畏之心，甚至对法律无所畏惧，做出违反公序良俗和法律规范的行为。

影响孩子性格的发展。"尊老爱幼"要求孩子在日常生活中尊敬长辈，长幼有序。缺乏"尊老爱幼"的意识不仅反映了道德品质的问题，也是"自我中心性"的一种体现，即孩子可能产生一种"世界唯我独尊"的错觉。若孩子在适当的年龄没有形成正确的世界观，摆脱这种"自我中心性"，可能会导致其产生自负和孤傲的性格。

影响孩子社会性发展。孩子在家不尊重长辈，随着孩子的成长，在学校也有可能不尊重老师和同学。这种情况若得不到及时处理，可能会导致孩子出现厌学、逃学、社交焦虑等问题，进而影响其在社会或职场中的人际关系。

影响社会的公共秩序。"百善孝为先"，尊老爱幼是中华优秀传统美德的基石，倘若这一基石出现坍塌，社会的公共秩序可能会陷入混乱，并引发一系列负面的社会问题。

孩子出现"长幼无序，目无尊长"行为的原因

与长辈间存在代沟差异。随着社会的发展，孩子所接受的教育和接触的事物都与长辈有所不同，存在代沟差异。而且，由于年龄的差异，孩子和长辈感兴趣的事物也大有不同。在年龄和思想的鸿沟面前，孩子们可能与长辈们存在很大的代沟，导致孩子不知道如何与长辈相处，可能容易表现出一些不敬的言行。

被溺爱。随着生活条件越来越好，一些家庭对孩子存在溺爱，尤其是爷爷奶奶或外公外婆对孩子无条件地宠爱。即便孩子对他们无礼，他们也舍不得打骂孩子。这样的环境逐渐增强了他们的"自我中心性"，俨然成了家里的"小霸王"，对长辈呼来喝去。

孩子品德教育缺失。当孩子出现不尊重长辈的行为，家长对孩子此类行为的忽视或不正确应对，在一定程度上助长了孩子"长幼无序，目无尊长"的行为。

帮助孩子消除偏见。 家长可以利用周末时间带领孩子参加敬老院的志愿者活动，让孩子有机会与老人近距离接触，以消除对老人的偏见。

以身作则，尊老爱幼。 在孩子的成长过程中，他们会观察和模仿父母及周围人的言行。因此，要想让孩子学会尊老爱幼，父母首先应该以身作则，展现出对长辈的尊敬和对幼小者的关爱，为孩子树立一个良好的榜样。

调整教养方式。 遇到孩子不尊老爱幼的情况，父母应该多倾听孩子内心的声音，了解他们的想法和动机，而不是一味地打骂。只有当孩子充分感受到被尊重和理解，他们才会更愿意接受父母的教导，并认真思考其中的道理。

合理利用强化。 在教育孩子的过程中，父母应该合理利用强化。首先，强化应该及时。例如，当孩子主动向长辈问好，父母应及时对孩子进行夸赞或给予一点小奖励。其次，强化应该遵循"小步子"原则，即逐步递增奖励的强度，以激励孩子持续表现良好的行为。

重视家校一体教育，加强家校沟通。 除了家庭的影响，家长也应该加强与学校老师交流。例如，开家长会时，了解学校的课程安排，提供一些实质性的建议。同时家长可以通过陪孩子讲先辈们的故事或观看正能量电影，让孩子感受先辈们的精神和力量，激发他们对先辈的敬佩之情，从而懂得尊重长辈。

心理小贴士

带孩子一起认识家风美德

家风，又称门风，是一个家族代代相传沿袭下来的精神风貌、道德品质，是最能反映一个家族生活作风的价值准则。纪录片《守望家风》有"家·国""俭·廉""仁·善""孝·忠""传·承"五大主题，讲述了贯古通今的家风文化，探寻中华文化的根与魂。家长可以带孩子一起观看这部纪录片，让孩子在感受中华优秀传统美德的同时，深刻认识到尊老爱幼这一价值观的重要性。

26

异性交友需大方，如何把握社交距离？

小赵今年10岁，上小学五年级，平时比较调皮，爱招惹班上的女同学。比如，扯女同学的头发，爱开女同学的玩笑，也会做出拉手、拥抱等比较亲密的行为。有一次，小赵与女同学小黎在打闹中突然搂住小黎的腰，两人抱

在一起。小黎将这件事告诉父母后，父母情绪非常激动，来学校找到老师了解情况，老师将此事告知小赵父母。小黎父母认为小赵父母没有教育好自己的孩子，双方在交谈中言辞激烈，大打出手。

心理解读

案例中的小赵在和女同学相处过程中产生了一些不太恰当的行为，导致双方家长发生冲突。在学校中，男生和女生交朋友是很正常的行为，但是有些时候孩子们不懂得怎么和异性交往，可能会有一些不太恰当的动作或者不太合适的言语，导致双方相处很不愉快。那么如何让孩子正确地把握和认识与异性交往的距离呢？

什么是异性交往？

异性交往是不同性别之间的人际交往和社会接触，这种交往和接触是不带有性动机的。作为人际适应和社会发展的一个重要方面，良好的异性交往

主要表现为：有能力处理好与异性的社交关系，掌握社交技能，行为符合社交规范，等等。

异性交往的发展阶段

异性关系的发展可以分为四个阶段：两小无猜、男女授受不亲、朦胧的牛犊恋和恋爱季节。一般来说，幼儿和小学早期的孩子还没有完全形成两性意识，处于第一阶段。这个阶段的男生和女生一起玩耍，无明确界限。到了小学中高年级，孩子进一步成长，性别观念逐渐发展，这时大部分男女同学之间界限比较明显，互不干涉。

值得注意的是，由于临近青春期，小学高年级阶段异性间的交往变得更加敏感，也更容易出现问题。研究显示，小学高年级的孩子在异性交往的过程中，存在不愿意与异性交往、对异性的评价单一、不知道怎么与异性交往、不知道如何把握交友距离等问题。因此，如何让孩子建立和维持良好的异性关系是一个值得被关注和重视的问题。

异性交往距离不当的危害

青少年时期与异性的交往一般存在两个问题。一是距离过近，有失分寸；二是距离过远，排斥与异性的交往。这两种交往模式会有一定的危害。

排斥与异性交往的危害。

不利于智力上互补。男女的智力没有高低之分，但各有优势。一般来说，男生在空间能力方面要优于女生，而女生的言语理解能力要强于男生；在思维上，女生更多地采用形象思维，而男生更擅长抽象思维；解决问题时，女生更善于模仿，男生更喜欢用创造性的方法。排斥异性交往会让男生或女生失去在交往中相互学习，取长补短，提高学习效率的机会。

不利于孩子的社会发展。人具有社会性，个体与他人之间的联系越多样，发展越全面。相比于同性，异性在性格、情绪和自身特点上差异更大。作为个体社会化过程中不可缺失的一环，异性交往对个人的发展意义重大。而排斥与异性交往会导致个体的交往范围狭窄，社会关系单一，不利于个人社交技能和情感的发展。

不利于良性团体的构建。孩子的成长环境是开放的，会不断进入新环境，加入新团体。一个团体中既有同性也有异性，集体活动中他们相互帮助、互相学习，有利于构建良好的团体氛围。研究发现，有两性参与的集体活动，更容易激发参与者的创造力。如果异性间过于强调边界感，则会降低活动效率，不利于良性团体的构建。

与异性交往距离过近的危害。

引发异性间的冲突。到了小学高年级阶段，由于青春期的临近，男生和女生会互相产生好奇感。然而由于性别意识还未成熟，并且缺乏与对方交往的技能，双方不了解异性交往的边界，未掌握异性交往的分寸，矛盾和冲突往往随之而来。

引发早恋危机。小学中高年级的孩子难以区分"爱情""友情""亲情"，他们与异性交往时过于亲密，可能因为分不清友谊与爱情的本质区别，将异性同学之间的互相吸引和愉快相处误看作"爱情"，让自己陷入早恋的漩涡。

异性交往的影响因素

性别角色的发展。儿童的性别观念在2岁时开始萌芽，6岁后基本形成。幼儿期和儿童期性别角色一直在发展，在这期间他们的交往不会区分性别。直到临近青春期，异性关系才会有新的特点，具体表现为初期排斥到逐渐融洽。

性别教育。父母对孩子的性别教育是影响青少年异性交往的重要因素。幼年时期性别教育的缺乏或性别教育的理念不当，会影响儿童的性别角色发展，不利于建立良好的异性关系。

父母关系的影响。异性交往也会受到父母关系的影响。孩子在与他人交往的过程中会学习父母的相处方式。因此，如果父母之间经常发生矛盾和冲突，会影响到孩子的异性人际交往。

网络信息的影响。网络输送的价值标准，对孩子的身心发展起着潜移默化的作用。青少年的价值观尚未形成，网络中不恰当的异性观会影响孩子现实中的异性交往。

缺乏异性交往技能。孩子在成长过程中，伴随着对异性的敏感和排斥，大部分孩子内心渴望与异性相互学习、相互交流，建立良好的关系。但是，他们又不知道怎样与异性相处，缺乏异性交往技能，导致一些孩子以与他人争吵、干扰他人等方式引起对方注意。

摒弃偏见，正确引导。异性间的交往和接触在成长过程中必不可少，父母应该摒弃偏见，正确看待。因为正常的异性交往有益于孩子的成长和发展，有助于孩子建立友谊、提高社会交往的能力。

培养孩子的异性交往技巧。父母要注意培养孩子的异性社交技巧，帮助他们减少异性交往中的冲突，并建立良性的交往关系。家长应提醒孩子注意以下交往原则和技巧：一是真诚尊重。家长应告诉孩子无论是异性交往还是同性交往，尊重和真诚是人际交往的重要原则，在交往的过程中都要以尊重对方、真诚相待为前提。二是自然大方。在与异性交往的过程中，要做到自然大方，友好相处，不要抗拒与异性同伴的交往。三是掌握分寸。异性交往中要做到言行有度，保持适当的社交距离，既不回避和拒绝与异性交往，也不和异性产生过于亲密的接触。在日常的学习、生活中，主动关心和帮助有困难的同学。不畏惧、不拒绝和异性同学的正常交往，但在言语和肢体接触上也要把握好尺度，不要随意拥抱、抚摸对方身体，亲吻对方等。

进行性别教育。在孩子的成长过程中，父母不能谈性色变。合理的性别教育能帮助孩子建立更好的性别认知，培养性别差异意识，以及性别特质。性别教育包括性别认识、性别认同、防身体侵犯、性别特质培养等。

鼓励孩子互相学习。男女在智力结构、气质、性格上各有不同，男生坚毅、勇敢，女生细腻、严谨。父母应告知孩子男女间的差异，鼓励孩子与异性交往时要相互欣赏、相互学习、互相帮助，善于发现对方的优点。

引导孩子正确看待网络信息。父母应引导孩子正确看待网络上传递的信息，帮助他们正确认识与同异性交往相关的不良、消极和颓废的信息。

引导孩子积极参加各种兴趣活动。家长应引导孩子积极参加健康的文体活动，如亲子活动、爬山、跑步、阅读会等。这些活动可以增加孩子与异性相处的机会，教会孩子在实际活动中如何与异性相处，把握与异性交往的尺度。

性别刻板印象

性别刻板印象，即对某一性别的外貌、性格、行为等持有的一种固有看法。孩子在性别意识发展的过程中容易形成性别刻板印象，比如男孩子只能留短发，不能穿裙子等。性别刻板印象在一定程度上能够帮助孩子进行性别判断，但是性别刻板印象的持续存在将不利于孩子正常的社会交往和人格特质的发展，因此父母应该进行适度的引导。

27

以爱之名的伤害，亲子冲突怎么破？

王女士和丈夫因为工作原因对女儿的陪伴较少，因此女儿小琪一直由外婆照看。小琪上三年级后，王女士陪她的时间多了起来，但她发现小琪存在习惯不好、脾气倔强、不服管教等问题。为了让小琪改掉这些毛病，养成良好的行为习惯和品行，王女士决定放下工作好好陪小琪。但是，王女士在教育小琪的时候，往往缺乏耐心，经常控制不住发脾气，命令小琪，甚至责骂她。

王女士的做法让小琪觉得，家里除了外婆没人关心自己，于是经常与王女士发生争吵，并且对着干。女儿的叛逆让王女士感到心力交瘁，她也知道自己对女儿的教育方式存在问题，每次骂完小琪之后又会陷入深深的自责和懊恼之中。然而，她又不知道怎么才能控制自己的脾气，与小琪好好相处。

心理解读

案例中小琪与妈妈的矛盾是众多家庭亲子冲突的缩影。实际生活中，父母和孩子在相处过程中因生活理念等差异可能引发各种冲突，这样既影响亲子关系，又不利于孩子的身心健康。

什么是亲子冲突？

亲子冲突，又称为代际冲突，是父母和子女之间由于各自所处的时代背景、社会文化和自身经历等不同，导致其认知、价值观、生活态度和行为方式存在差异，从而引发的各种矛盾。现实生活中许多父母也和上述案例中的王女士一样，教育孩子时缺乏耐心，总是进行单方面的管教，缺乏与孩子的双向沟通，从而产生隔阂。孩子觉得父母不理解和关心自己，父母觉得孩子越来越难管教，导致孩子与父母间的冲突和矛盾逐渐加剧。

亲子冲突的特征

普遍性。亲子冲突在家庭中普遍存在。2022年的一项对1621名上海市的中小学家长进行的关于亲子冲突的研究显示，77.8%的家庭中存在不同程度的亲子冲突，其中情绪对立问题最为常见，其次是言语冲突，身体冲突发生的频率最低。引起亲子冲突的主要原因包括学习、生活作息安排以及电子产品的使用。

动态变化。亲子冲突发生的频率和强度不是一成不变的。研究表明，在孩子的发展过程中，亲子冲突的强度和频率是一条"倒U形"曲线，即在青少年早期亲子冲突较少、强度低，随着他们的成长，亲子冲突逐渐增多，到青春期的时候亲子冲突的发生频率和强度达到顶峰，然后又逐渐减少。由此可知，孩子在成长的过程中，与父母之间的冲突会不断加剧，然后又会随着孩子的成长逐渐降低，总体呈先上升后下降的特点。

亲子冲突处理不当的危害

亲子冲突在日常生活中比较常见，一般强度的亲子冲突对孩子的发展不会产生严重的影响，但仍要给予重视，及时采取正确的措施，否则会使亲子间的冲突愈演愈烈，影响巨大。

亲子间的感情出现隔阂。频繁出现亲子冲突会降低孩子与父母交流的欲望，回避与父母的相处，封闭自己的内心。亲子间的有效交流减少，使亲子关系变得岌岌可危。此外，孩子作为家庭系统中的一环，亲子冲突也会影响到其他家庭成员间的关系。

影响孩子的人际交往。频繁而激烈的亲子冲突容易降低孩子与他人的人际关系质量。家庭是孩子最初接触并建立社会关系的环境，孩子与父母建立起的关系模式会影响孩子人际关系的建立。亲子关系中存在的问题，也会在孩子与他人建立的关系中体现出来。

不利于孩子的健康成长。研究发现，亲子冲突会影响孩子的心理健康。频繁而激烈的亲子冲突与青少年焦虑、抑郁等不良情绪息息相关，同时也会影响情绪管理能力，对他们的社会交往产生消极影响。此外，亲子冲突也会导致青少年出现各种问题行为，如网络成瘾、攻击行为、违规违纪以及学业问题等。

亲子冲突的影响因素

孩子自身的性格特点。一般来说，相对于性格外向、情绪波动大的孩子，沉稳、内向的孩子与父母之间的冲突较少。

孩子自身的发展阶段。亲子冲突也会受到成长阶段的影响。3~12岁是孩子主动性发展的时期。该过程中，孩子的批判性思维、独立性、自我意识逐渐增强，产生反抗意识，不再一味地遵从父母的安排。到了青春期，孩子的身心会发生巨大改变，情绪变得极不稳定，反抗意识进一步增强，是亲子冲突频发的阶段。

父母不稳定的情绪状态。很多时候，父母是亲子关系的主导者，父母的情绪状态是影响亲子关系的重要因素。父母在"气头上"时，往往会对孩子进行过多的干涉、管束和惩罚，长此以往，就会降低孩子的自尊水平和自律性，增加孩子的心理压力，进而使孩子产生报复、叛逆和退缩等行为，引发亲子冲突。

亲子间的认知偏差。父母和孩子之间的矛盾和冲突在大多数情况下是因为双方对同一件事情的理解和看法不同。比如当孩子某一科目考了85分，父母往往拿该成绩与其他孩子比较，认为是个很低的分数；而孩子则认为这次试题不简单，85分是个很好的分数。

家庭氛围紧张。同处于一个家庭之中的家庭成员间会相互影响。成员间和谐相处、互帮互助、进行有效交流，有助于减少冲突；而家庭成员间互相敌对、反抗则会产生更多的冲突。这些冲突会引起家庭氛围紧张，严重时会导致家庭结构出现变化，而这些变化反过来又会影响到每一位家庭成员。

应对之道

了解孩子的个性特点，采取个性化教育。每个孩子都有其独特的气质和性格，这些特质部分是先天形成的，对个体的情感和行为有重要影响。家长应根据孩子的个性特点，采取适合的教育方法。对于情绪反应强烈的孩子，家长应在他们情绪稳定时进行教育，重点培养孩子的情绪管理能力。对于性格沉稳的孩子，家长可以通过理性沟通，教导他们理解和尊重他人。

正向情绪管理。当孩子情绪波动时，家长应允许孩子适当表达情绪，并在他们平静后进行交流。同时，家长需要学会控制自己的情绪，避免在情绪激动时与孩子交流，以防冲突升级。

父母教育孩子时尽量达成共识。父母在教育孩子时要建立一种伙伴关系，相互支持、合作，共同解决养育孩子过程中遇到的问题。除此之外，家庭成员间要多沟通交流，和谐相处，尽量避免在孩子面前发生争吵。

尊重孩子并理解孩子。良好的亲子关系是平等、和谐、相互尊重，而不是一方对另一方的约束和压制。特别是当孩子进入青春期时，他们有从父母那里获得民主、平等、尊重的强烈需求。当冲突发生时，父母应该尊重和理解孩子的意见和想法，不要急于否定孩子，而是与孩子进行交流，从而找出问题的根源。如果是孩子的问题，父母也应该在尊重他们的前提下，提出改正的要求，要注意控制自己的情绪与语气；若是父母的问题，父母应该勇于承认错误并向孩子表达歉意。

学会倾听与沟通。家长要学会倾听孩子的意见并与孩子进行有效的沟通，从而了解他们的内心需求。倾听是有效沟通的前提条件，因为沟通是一种双向交流而不是单方面的输出和管教。为保证沟通的有效性，父母要先学会如何倾听。

心理小贴士

别让"丧偶式""诈尸式"育儿伤了孩子

陪伴在亲子关系中的重要性不言而喻，想要与孩子建立良好的亲子关系，父母要多给予孩子关心和陪伴。父母双方或任一方的缺位都会影响亲子关系。然而很多父母，特别是父亲，由于经济、工作压力等无法分出更多的精力来陪伴孩子。近两年网络上出现了两个热词——"丧偶式育儿"和"诈尸式育儿"，

113

形象地描绘了这种情况。

"丧偶式育儿"是指家庭教育中父母一方的显著缺失。如父母中的一方长期外出，或者父母均在子女身边，但是缺少与一方的感情交流。

"诈尸式育儿"指的是父亲或母亲在家庭教育中经常缺位，却又偶尔在某些情况下因理念不和、看不惯对方的做法等原因指责对方。这种缺乏沟通的指责不仅会给对方带来伤害，也不利于孩子的成长。

28

同胞冲突矛盾多，怎样调节化解？

小鹏今年9岁，有一个2岁的弟弟。小鹏以前性格活泼开朗，能说会道，又懂礼貌，深受同学和老师的喜爱。但自从弟弟出生后，小鹏的性格有很大的转变。因为妈妈陈女士不得不花更多的时间和精力在弟弟身上，加上工作繁忙和经济压力大，以及家人的不理解，让陈女士心力交瘁。更让陈女士心烦的是，她对两个孩子都充满爱意，但实在没有足够的精力兼顾两个孩子。又加上难以控制自己的情绪，她总是对大儿子小鹏采取简单粗暴的方式进行教育。渐渐地，小鹏也由原来的活泼开朗变得不愿与人交谈，平时爱发脾气。有一天，小鹏在客厅搭积木，陈女士和弟弟坐在旁边看着，结果弟弟不小心碰倒了小鹏的积木。小鹏大发脾气，抓起地上的积木就朝弟弟扔去，吓得陈女士急忙挡住。看着还在发脾气的小鹏，陈女士忍不住说："弟弟还小，你怎么能这样呢？重新搭一下不就行了吗？"小鹏听到她这样说更生气了，朝她吼道："你总说让着弟弟，让着弟弟，要是没有弟弟就好了！"

小鹏带着怒意的吼声让陈女士十分难过，忍不住开始反思如何减少小鹏和弟弟的冲突，帮助他们建立良好的关系。

心理解读

案例中小鹏与弟弟的冲突属于同胞冲突。同胞冲突常发生在有两个或两个以上子女的家庭中。频繁的同胞冲突不仅会影响家庭的幸福度，还可能对孩子的身心健康和人格完善产生负面影响。随着2016年全面二孩政策和2021年三孩政策的推行，两子女或多子女家庭逐渐增多。同胞冲突问题愈发引起社会的关注。

什么是同胞冲突？

相较于其他人际关系，如爱情、友情等，同胞关系对大部分人来说经历的时间更长。兄弟姐妹间相互联系、支撑，扮演着重要角色。然而，同胞关系并不总是积极的，既相互陪伴、支持，也会产生各种矛盾冲突。同胞冲突是指具有相同生身父母的两个或多个人在行为、目标或活动上的不相容，通常表现为争吵、敌对情绪以及攻击行为。

同胞冲突的类型

按照表现形式分类，可以分为言语冲突、身体冲突和心理虐待。

言语冲突。 以言语的形式表现出来，主要包括斗嘴、辱骂、争吵等。

身体冲突。 如打架、相互攻击等。

心理虐待。 如恐吓、威胁、排挤、冷战等。

按照个体发展分类，可以分为建设性冲突和破坏性冲突。

建设性冲突。 建设性冲突有助于培养孩子的沟通能力和社交技能，有利于孩子的个人发展。如果孩子在冲突中学会了如何控制情绪，能与他人进行持续性的社会互动，处理问题的能力得到提高，那么这种冲突就是建设性的。

破坏性冲突。 破坏性冲突主要表现为同胞关系恶化、双方消极互动、不能恰当地解决问题。破坏性冲突对儿童的成长有消极影响。

同胞冲突的危害

不利于个体的发展。 家庭是个体社会化的开端，家庭成员之间的关系对个体的成长有着重要影响。同胞关系作为家庭中人际关系的重要一环，也是个体在成长过程中经历最长的关系，对个体的发展有着重要意义。同胞间的冲突和矛盾会导致同胞关系的破裂，今后可能出现各种问题行为，如睡眠问

每天学点心理学：小学生心理健康知识手册

题、入学后行为障碍、反社会行为以及与不良的同伴交往。

影响家庭氛围。家庭系统理论认为，夫妻关系、亲子关系和同胞关系共同构成了家庭这一系统，且这三者之间既相互联系又相互制约，共同促进家庭的有序运转。同胞间冲突频发对同胞关系会产生不良影响，进而影响亲子关系和夫妻关系。不良的亲子关系和夫妻关系又会反过来影响同胞关系，从而形成一种恶性循环，影响家庭氛围。

同胞冲突产生的原因

差别对待。差别对待是父母在养育孩子的过程中在情感、投入和管教等方面偏向于某个孩子，而忽略另一个孩子。这是同胞间产生矛盾的主要原因和根源所在，当孩子察觉到这种区别对待时，同胞关系就会出现问题，如同胞间的亲密程度降低，冲突增多。

父母关爱减少。同胞出生前，父母的关爱和注意力都在大孩身上，弟弟妹妹出生后，父母会将更多精力和注意力转向新生儿。由于父母的关爱被分享甚至消失，大孩为重新获得父母的关注可能会出现一系列心理及行为问题，为同胞冲突埋下隐患。

同胞结构。同胞的年龄差距和性别组合会影响同胞关系。年龄差距越小冲突越多，这是因为年龄相近的同胞间更容易相互比较，以吸引父母的注意力。此外，相比于同性同胞，异性同胞间差异大，比较行为更少，故而冲突频率更少、强度更低。

父母干预不当。一般来说，父母面对同胞冲突采用的方式主要有以下三种：帮助孩子表达交流，协助他们解决问题；通过惩罚、威胁以消除冲突；对冲突不管不顾。惩罚和威胁等不当干预不仅不能减少同胞冲突，反而会进一步加剧同胞冲突和亲子冲突。

父母婚姻质量较差。研究发现，夫妻间的婚姻满意度越低，养育孩子时越容易出现差别对待。此外，一段不满意的婚姻会增加父母的心理压力，双方的工作、情绪状态、人际交往都会受到影响，孩子的需求往往容易被忽视，这也更容易导致同胞冲突。

平等对待每一个孩子。父母要时刻提醒自己，对待孩子要一视同仁。不管是在物质上还是精神上，都不应该区别对待，不要忽视一方偏爱另一方。

做好与大孩的沟通工作。如果因为年龄问题不得不多花时间和精力在小一点的孩子身上，要告诉大孩原因，关注大孩的情绪状态，有问题及时沟通。可以适当地鼓励大孩加入照顾小孩的过程中，增加同胞之间的相处和交流时间，但是不要把照顾弟弟妹妹的责任强加到大孩身上。

理解大孩的不适，帮助其适应。家庭中多一个新的生命是所有家庭成员都需要适应的过程，对大孩来说，弟弟妹妹的出现既意味着新奇和爱，同时也伴随着敌意。这种敌意主要来源于害怕父母对自己的关爱会减少。父母要理解大孩这种感受，提前告诉他有了弟弟妹妹之后生活可能会出现哪些变化，让其做好心理准备。与此同时，父母也要强调对他的爱不会因为弟弟妹妹的出现而减少，可以通过参加一些活动保证和大孩的独处时间，如定期参加户外活动、做手工、看电影等。

适当的冲突干预。当孩子之间发生冲突时，父母简单粗暴地制止或说教不利于同胞间冲突的解决，反而是变相地剥夺了孩子学会如何解决冲突的机会。因此，当孩子间出现一般的冲突，父母不要立即介入，而是让孩子们自己去解决问题，把责任还给他们。出现同胞间不能解决的冲突时，父母也要采取适当的干预策略。干预的过程中，父母应以孩子为中心，引导他们相互交流，表达各自的立场，鼓励双方通过协商、和解的方式解决问题，消除冲突。避免采用惩罚、威胁、取消某些权力的方式进行干预。

营造良好的家庭氛围。很大程度上，家庭中的问题与父母的婚姻关系密切相关。婚姻关系、亲子关系、同胞关系之间是相互影响的，和谐的婚姻关系和亲子关系会减少同胞冲突。因此，在教养孩子的过程中，夫妻双方都要承担起教育孩子的责任，遇到问题及时沟通、相互协作。在共同养育孩子的过程中，良好的家庭氛围有助于夫妻关系、亲子关系和同胞关系的发展。

心理小贴士

家长如何处理同胞冲突？

同胞冲突的解决方式有"孩子中心策略"，指的是父母帮助孩子相互交流，表达他们各自的立场，并通过协商、推理、和解的方式去解决问题，从而消除冲突。在孩子中心策略中，调解是效果最好的干预同胞冲突的方式之一。在发生同胞冲突的时候，父母可以分"四步走"：第一步，父母可以调整孩子的行为规范，让双方的冲突不再升级；第二步，调解孩子发生冲突的问题；第三步，调解孩子在冲突过程中的情绪，引导相互理解尊重；第四步，父母鼓励孩子提出解决冲突的办法，让双方都能够接受并且实现，达成和平解决。

29

孩子上学朋友少，
家长如何解其恼？

案例导入

小夏的父母注意到，最近接送孩子时，小夏不像其他孩子一样有说有笑地走出校门，而是一个人孤零零、不开心地出来。回到家后，小夏也总是闷闷不乐，有时候会提到自己在学校没有好朋友，感到很孤单。小夏还列举了一些例子，比如：在小组活动时，没有人愿意和自己搭档；下课后，同学们互相分享零食，没有人找自己分享；同学们周末会一起玩，但是自己没有好朋友，也没办法融入同学的话题。

一天晚上，小夏妈妈和小夏聊起在学校的人际关系情况。小夏说不知道自己哪里做错了，不知道为什么别人都有许多朋友，而自己朋友很少甚至没有。小夏边说边着急并无助地流出眼泪。

心理解读

人际关系是指一段时间内，人与人之间在认知、情感和行为等方面的互动关系。人际关系直接影响个体的自我意识、心理健康、学业成就等。小学阶段是儿童人际关系形成的重要阶段。小学中高年级的孩子开始主动挑选朋友、建立自己的交际圈，这都是他们正常成长、社会化的一个过程。但是对于部分孩子而言，由于种种原因，他们不能很好地适应环境，可能会在与同龄人的比较中，产生焦虑和无助感。这种消极情绪将对孩子产生一系列的不良影响，家长应当尽力帮助孩子缓解这种情绪。

朋友少对孩子的影响

内心孤独。"在家靠父母，出门靠朋友。"朋友带给孩子安慰、快乐和亲密感，是人际关系中的重要组成部分，也是孩子社会支持体系中非常重要的一个结构。来自朋友的支持可以帮助孩子缓解焦虑、促进孩子的自我肯定和积极概念的形成。如果朋友太少，孩子容易缺乏群体认同，遇到困难时可能孤立无援。

缺乏社交技能。孩子的大部分社交技能是在与朋友的交往过程中形成的。在与朋友相处过程中，孩子逐步学会分享、沟通、妥协、合作和处理矛盾等人际交往技巧。朋友少的孩子，因缺乏与朋友互动的情境和经验，当遇到人际交往问题时，可能容易与人发生冲突，而不能很好地适应社会。

影响心理健康。朋友作为一种社会支持，是促进孩子形成主动性人格的重要因素之一，也是孩子与外界相连接的一种资源。缺少朋友的孩子在遇到困难时会孤立无援，可能将负面情绪积累在心中，这些都可能会使得孩子出现抑郁、焦虑等心理问题。

有些孩子缺少朋友的原因

不健全的家庭结构。家庭结构不健全包括儿童处于留守状态、父母再婚、单亲等情况。如在单亲家庭中，缺失父爱或者母爱的情况不利于孩子性格的养成及情感的发展；由亲戚代为监护的孩子容易产生寄人篱下的感觉和孤独感，可能形成孤僻的性格或自卑心理。这些都不利于孩子交朋友。

童年时的人际创伤。如果监护人缺乏育儿经验或育儿理念不当，不懂得如何促进孩子情感的发展，那么可能导致孩子产生人际创伤，进而影响孩子长大后人际关系的建立。

生活环境发生较大变化。部分孩子可能因父母工作变动而一次或多次转学。研究显示，孩子转学后会遭遇学校环境适应、学习适应、人际关系适应等各种烦恼，大多数孩子需要一年才能真正适应。频繁地转学会让孩子集体自尊较低，对班级和学校缺乏归属感，难以与同学建立朋友关系。

与同龄人存在显著差异。 如果孩子在外貌、身形、口音、成绩、家庭经济状况等方面和其他孩子存在显著差异，他们在同学面前往往容易感到自卑、羞怯和忧虑。在人际关系中，他们会表现出拘谨、自卑和畏缩的特点，这不利于建立朋友关系。

社交技能贫乏。 部分孩子缺乏社交技能，不懂得如何分享、合作、沟通协调等，在同伴交往中往往感到羞怯，且不善表达自己，无法积极主动地参与到同龄人的娱乐活动中，有时甚至可能会遭到同龄孩子的孤立或欺负。

应对之道

接纳自己的不完美。 家长应引导孩子学会接纳自己的不完美，包括接纳自己与他人不一样的特点，多关注自己的优点，尝试打破思想禁锢，大胆与他人交流。

增加关怀。 研究表明，与父母沟通频率越高的孩子，其心理状态也越健康。因此，在外工作的父母更应当多关心孩子，多以视频聊天、电话等方式与孩子联系沟通；对于单亲家庭等特殊家庭，家长还可以加强孩子与其他家庭成员或者邻居朋友的联系，如邀请他人做客、一起出游。来自亲朋好友的关爱可以适当缓解孩子内心的孤单落寞，孩子也可以在与亲朋好友的相处中，学会与人交往的技巧和经验，增加对家庭的归属感和身份认同感。

培养孩子的兴趣。 父母可以通过培养孩子的兴趣爱好、参加户外集体活动等方式，帮助孩子更全面地认识自己，增加与他人互动的机会，在活动中认识更多的朋友，进而不断认同自己、肯定自己、提升自信。

社交技能训练。 父母可以通过游戏、集体活动等，训练孩子的合作、分享、沟通协调等社交技能，让他们在社交中体验友谊的重要性。

心理小贴士

家长应重视培养孩子的人际交往能力

小学阶段的基础学习固然重要，培养孩子人际交往的能力更不容忽视。良好的人际交往能力能够帮助孩子避免长大后产生孤独厌世感的心境。只有智商、情商同步发展，孩子才能更好地应对未来生活的挑战。另外，孩子上学时朋友少可能有多种原因，这并不一定意味着不正常的现象，也不代表这种情况会持续到孩子上初中、高中。家长在充分了解情况后，如果孩子确实面临人际问题，应积极给予帮助和支持。

第四篇 交往篇

30

校园霸凌危害大，
家长如何造盔甲？

案例导入

小光最近特别不情愿去上学，一到上学时间就拖拖拉拉。小光爸爸妈妈问他原因，小光就支支吾吾地说自己常被班里一个学生放学后拦截要钱，每次要五元或十元，已经很多次了。那个同学是班里的"孩子王"，还要求班上同学不跟小光玩，甚至威胁小光，说如果小光不给钱或者告诉老师、家长的话，就找人打他。

心理解读

案例中小光的经历属于校园霸凌。校园霸凌是指学生间以强欺弱、以多欺少的行为，包括身体伤害、语言中伤、孤立排斥等形式，是一种卷入双方力量不均等、施暴者主观恶意、同时具有重复性的校园暴力。校园霸凌对于学生的身心危害巨大而且影响深远。研究者们把欺霸行为卷入者分为霸凌者、被霸凌者、旁观者，通过统计发现，男生更多卷入直接霸凌行为中，而女生参与语言霸凌和关系霸凌更常见。

校园霸凌危害

对被霸凌者的影响。校园霸凌不仅可能给被霸凌者造成身体上的伤害，还会在其心理留下严重的创伤。研究发现，被霸凌者普遍会经历情绪上的困扰，如抑郁、焦虑、低自尊等，且霸凌经历会增加他们结交朋友或维系友谊的难度，导致他们出现社交孤立。研究表明，超过半数的被霸凌者曾出现创伤后应激障碍的相关症状，严重的霸凌甚至会增加青少年的自伤行为和自杀意念，部分被霸凌者还会出现攻击、物质滥用等行为，甚至转变为霸凌者。

对霸凌者的影响。霸凌行为不仅影响被霸凌者，对霸凌者也会产生深远影响。如果儿童时期的霸凌行为未得到及时控制，成年后更容易因为霸凌他人或者遭受报复而卷入刑事案件；如果在校期间的霸凌行为未加控制，孩子进入社会后可能倾向于使用相同方式与人相处，甚至出现反社会行为。

霸凌者霸凌他人的原因

霸凌者往往感觉自身具有身体或者心理上的某些优势，他们的自我概念、价值观和社会认知倾向等和同龄人存在差异。

想要表现自我。他们对别人进行霸凌是为了在同伴中获得权力与地位。

个性特征。有些霸凌者脾气暴躁，易被激怒，对外界刺激具有较强的反应。研究表明，焦虑型的霸凌者容易因为个人特质或者负性生活事件，霸凌那些看起来比较软弱的儿童。此外，被霸凌者也存在胆小、懦弱等共同特征。

缺乏同理心。有些霸凌者缺乏同理心，不会为他人考虑，所以在进行霸凌时很少感到不安和自责。

如何判断孩子是否遭受了校园霸凌

家长判断孩子是否遭受了校园霸凌，需要注意以下表现（但请注意，这些表现也可能由其他原因引起，因此，不能仅凭此得出结论，还应当向老师或同学了解情况，结合其他方面的信息来做出判断）。

性格突变。孩子的性格出现无征兆的明显变化，如脾气突然变得暴躁，在家里无缘无故发脾气。这可能是孩子遭受了校园霸凌，内心积压的情绪只能在家中发泄。

行为表现异常。被霸凌的孩子可能表现出一些异常行为，如经常丢失文具、衣服总是很脏、偷钱、花销突然增大却无法给出合理的解释；孩子的身体经常受伤或瘀青，说自己不小心弄的；女孩突然拒绝穿裙子等特征化服装；选择不合逻辑的较远路线上学，甚至请求家长送他们上学；经常做噩梦；学习成绩或学业表现突然下降；突然逃学，离家出走，假装生病不想上学；出现抑郁症状，时常讨论自杀问题，甚至试图自杀；等等。

应对之道

当孩子是受霸凌的一方

家长如果对霸凌行为消极对待，且不采取策略，极易导致霸凌不断重演。面对校园霸凌，父母应采取以下措施：

认真倾听与信任。父母要重视孩子被霸凌的状况，发现后切勿说出如"一个巴掌拍不响"之类的指责话语，应充分信任并鼓励孩子详述情形。若此时指责孩子，可能致使孩子日后遇到类似情况时不再告知家长，而是默默承受，甚至采取极端方式进行自我保护。

多方沟通查原委。校园霸凌是涉及孩子、家长、学校乃至社会的综合性问题，需各方协同努力方可寻得合适的解决之法。家长应加强与学校老师的联系，率先了解事情的来龙去脉，不可一味地只求"讨回公道"或者息事宁人。

及时保护孩子。校园霸凌发生后，家长首先要留存孩子被霸凌的相关证据，与班主任协商以保护孩子，防范更隐蔽的霸凌。同时，家长也可联系班主任或者对方家长协商解决霸凌事件。倘若霸凌状况仍未得到有效处理，家长可通过法律途径维护孩子权益。

提升孩子应对能力。过度保护的教养方式易使孩子形成胆小、内向的性格，做事畏缩、不善交流，在校园中易成为被霸凌目标。为此，家长平日应注重培养孩子的自信与自尊。同时，要培养孩子的防霸凌意识，鼓励孩子受欺负时告知父母，而非独自忍耐或自行解决；遭遇欺负时，应优先确保自身安全，借机脱离现场，亦可向他人求助。

当孩子是霸凌的一方

若孩子出现霸凌他人的行为，父母绝不能抱有"受欺负的不是自家孩子"的心态，更不可推卸责任，对孩子的霸凌事实不管不顾，而应做到：

切实履行教育职责。家庭教育是每位家长不可推脱的责任，家长需通过言传身教和日常生活实践对子女施加教育影响，切不可将全部责任推给学校和老师。平日里，家长就应重视孩子的品德教育，培养其同理心，助力孩子树立正确的价值观。一旦发现孩子霸凌他人，家长应当严厉制止，不可推卸责任、忽视问题。

以身作则，遵纪守法。父母是孩子的第一任老师，小学生模仿能力强却缺乏判断能力。倘若家长情绪暴躁，惯用武力等暴力方式解决问题，孩子则易形成暴躁、易怒、好斗的性格。因此，家长需以身作则，为孩子树立正确的行为榜样，做遵纪守法的好公民。

心理小贴士

小学校园霸凌的防与治

近年来，频频曝光的校园霸凌事件不断警示我们，必须加强对孩子的教育。小学生活是孩子人生的基石，其幸福与安全体验对孩子后续的人生发展有着深远影响。对于在小学阶段就表现出霸凌他人行为的孩子，尽早矫正其行为是防止他们将来犯下更大错误的必由之路。而对于在小学阶段受到霸凌的孩子，家长应及时抚平他们内心的创伤，并帮助他们重新融入同伴生活，这是家庭和学校共同肩负的责任。

第五篇
成长篇

31
孩子出现坏习惯，
家长如何科学纠正？

小果爸爸最近对小果的坏习惯感到十分苦恼。小果现在上小学四年级，总喜欢熬夜到12点，第二天上学起不来床，只能匆匆忙忙地踩点到学校。吃饭时的问题也比较多，她经常饭前不洗手，吃饭狼吞虎咽的，还浪费食物。最让小果爸爸难以接受的是，小果总是不注意个人卫生，她既不喜欢刷牙，也

不喜欢洗澡，总是把衣服弄得脏兮兮的。

小果的爸爸妈妈本来以为，随着小果逐渐长大，这些坏习惯会慢慢改掉。但没想到，坏习惯不减反增，而且随着孩子越来越大，脾气也越来越大了，说不得、骂不得，动不动就生气。"这么多的坏习惯要怎么改啊？"小果爸爸感叹道。

心理解读

坏习惯指经常做出的、对自己有害甚至可能损害他人的行为。小学生常见的坏习惯包括自制力差、乱丢垃圾、爱发脾气、比较自私、做事拖拉、上课

开小差等。习惯养成方面的研究表明：幼儿期（3～6岁）、童年期（7～12岁）、少年期（13～17岁）是习惯养成非常重要的三个时期。如果孩子没有在关键期内养成好习惯、纠正坏习惯，之后再想有所转变，将会面临较大的困难。

坏习惯的危害

影响身体健康成长。坏习惯对孩子的健康成长危害甚广。具体而言，熬夜或日夜颠倒的生活习惯不仅不利于大脑发育，损害脑功能，导致思维缓慢、记忆力和学习能力下降，还可能增加孩子患上高血压、糖尿病等疾病的风险，影响其生长发育。挑食的坏习惯则可能造成营养不良，影响身高、体重的正常增长，严重时导致发育停滞，微量元素和维生素摄入不足还可能影响大脑发育和视力发育。此外，不注意饮食卫生安全，如常喝生水、食用街边不卫生小吃，容易感染病毒和细菌，进一步威胁孩子的身体健康。

影响学习或生活质量。在学习和生活方面，粗心大意、做事拖拉、爱说谎、三心二意等不良习惯，若不及时改正，将持续影响孩子的为人处世。这些坏习惯可能导致孩子错失良机，甚至可能走上失德违法的道路。孩子在成长初期，由于任务相对轻松简单，坏习惯的危害或许不甚明显。但是随着年龄增长，面对的挑战日益复杂，坏习惯将严重威胁孩子的生活，且此时已根深蒂固，难以改变。

影响人际交往。坏习惯会阻碍孩子与他人建立良好关系，导致孩子因缺乏社交支持而感到孤独，难以融入社会，无法有效学习日常社交技能。例如，不讲卫生、占小便宜、缺乏责任意识等习惯，也会让他人被迫承担后果，破坏人际关系。

坏习惯形成的原因

身心发展不完全。小学生正处于身心快速发展的阶段，他们喜欢探索新事物、好动且好奇心强，喜欢模仿他人行为。由于他们的意识发展尚不完善，对行为可能产生的后果缺乏充分认识和判断力，容易根据个人喜好养成不良习惯。

父母管教方式不当。父母不作为或管教方式不当，都可能对孩子的习惯形成产生负面影响。一些父母可能觉得孩子小不懂事，没有及时矫正，导致孩子的坏习惯持续下去。但是，如果父母对孩子的坏习惯采用的处罚方式过重，可能引发孩子的反抗和叛逆心理，导致其不愿意改变已有的坏习惯，甚至可能出现新的坏习惯。

环境和身边人的影响。如果孩子的父母存在不良习惯，那么孩子在成长过程中也可能会受到影响。孩子的同伴也可能成为不良习惯传播者，如逃课、撒谎等行为。此外，媒体、网络等也可能对孩子产生不良影响。

应对之道

了解原因，给予引导教育。孩子养成不良习惯的原因有多种，父母应当先了解清楚孩子为什么会出现坏习惯，然后给予引导教育。比如，孩子很晚不睡，可能是精力比较旺盛，家长可以在白天多带孩子进行体能运动；孩子蒙着头睡或者要求陪睡，可能是缺乏安全感，家长可以通过为其购买抱枕、陪睡玩偶来增加孩子睡前的安全感；孩子故意把家里搞得很乱以吸引父母的关注，父母可从满足孩子关怀需求的角度入手。

矫正坏习惯时，避免简单粗暴的做法。简单粗暴的做法会让孩子产生畏惧，不利于坏习惯的矫正。因此，当孩子出现挑食等不良习惯时，家长不能采用打骂或者威胁等方式教育孩子，而应当恩威并施，严厉但不冷酷地给予批评，并在孩子改正后及时鼓励，让孩子既认识到自己行为的不当，也理解父母的苦心。

营造养成好习惯的氛围。习惯源于生活，父母应尽量为孩子营造养成好习惯的氛围。如希望孩子养成少看手机、早睡早起的习惯，父母要以身作则，做到少玩手机或者少看电视，早睡早起。如果孩子挑食，家长可以通过把食物做得更好吃、更新奇来吸引孩子，或者更换其他含有相同营养成分的食物来为孩子补充营养。

心理小贴士

孩子不良行为应及时纠正

孩子在成长过程中可能会展现出一些不良行为，如故意刮花他人车辆、破坏公共设施或对同伴使用暴力。这些行为不仅危害他人，也可能反映出父母在孩子行为初现时未能及时制止。良好的习惯是孩子走向成功人生的基石，而不良行为则可能成为他们发展的障碍。因此，纠正孩子的不良行为至关重要，且越早越好。家长和教育者应采取正确的矫正措施，耐心地引导孩子，帮助他们认识到行为的后果，并逐步培养积极的行为模式。通过一致性、合理沟通和正面激励，孩子的不良行为可以得到有效改善。

32

孩子不遵守规矩，
父母应该怎么做？

小张平时工作非常忙碌。有一天，他接到学校老师的来电，说自己的孩子在学校不遵守规矩，上课开小差、不认真听讲，课后不按老师的要求完成作业。这不是他第一次接到老师的反映，小张觉得很头痛，无奈地跟老师说会好好教育孩子。

下班回到家后，小张叫孩子来吃饭。即使以前已经强调了无数次，孩子依然不肯饭前洗手。小张把孩子拉到水池前，孩子抗拒地把水甩得到处都是。上了餐桌，孩子一只手撑着腿，吊儿郎当地坐着，用筷子将米饭拨得到处都是。小张不想对孩子发火，忍着怒气喝止他的行为，孩子却把饭碗打翻在地上。"你为什么不能乖乖坐着吃饭，"小张拍着桌子，生气地说，"你真是个不听话的坏孩子！"

心理解读

现实生活中，孩子不守规矩、不听话的行为让家长非常头疼。家长要求孩子饭前洗手、认真听课、按时完成作业等，都是出于对孩子健康成长和养成良好学习习惯的考虑。然而，并非所有孩子都会立即接受这些指导。家长可以通过耐心沟通、明确规则的重要性、以身作则、积极鼓励和逐步引导，帮助孩子建立起对规则的尊重和遵守，从而培养他们的责任感和自我管理能力。

什么是规矩?

"不以规矩不能成方圆。"规矩原本指画圆形和方形的工具,现指一定的标准或准则。对于孩子而言,规矩是在恰当的时间做恰当的事,是以正确的行为培养好的习惯。

不遵守规矩的危害

不利于孩子的自身发展。遵守规矩是孩子成长过程中的重要一课。守规矩的孩子通常更容易受到长辈的喜爱,因此长辈们更愿意在生活或人际交往中向他们传授知识和技能,为其提供更多的成长机会。相反,不守规矩的孩子往往会让家长或其他长辈感到头疼,互动过程中长辈们更多的是在纠正他们的违规行为,而在知识与技能方面的传授则相对较少,这不利于孩子的全面发展。

阻碍孩子更好地融入集体。无论是在家庭、学校还是社会中,规矩都是不可或缺的存在。有规则约束的集体能够确保每个人的利益得到维护,让大家生活得更加舒适。然而,规矩意识淡薄的孩子往往不清楚什么可以做、什么不能做,不能很好地遵循不同集体内的规则,有时甚至刻意打破规则。这种不考虑他人感受的行为很容易损害自己与他人、自己与集体的关系,不利于孩子融入集体,未来也可能影响他们融入社会的能力。

不遵守规矩的原因

遗传因素。受个体遗传因素的影响,孩子在适应规则方面表现出显著的差异。例如有的孩子天生好动,对于其他孩子而言能轻松做到的静坐,好动的孩子却需要付出更多努力。

认知局限性。孩子的认知能力具有一定的局限性。根据皮亚杰的认知发展阶段理论,小学生的认知尚未发展完全。尤其低年级学生,他们大多数时候是从自己的立场去看待事物,难以站在客观的角度进行认知。因此,这个阶段的孩子往往难以理解某些规矩,也不清楚规矩存在的意义。

需求未获得满足。心理学家的研究指出,孩子的行为具有目的性。当他们的某些需求未被满足时,可能会出现捣乱行为以吸引大人的关注。例如,孩子在餐桌上打翻碗筷,有时是为了引起家长的注意。如果他们无法通过正面的方式获取关注,就可能会采用消极的方式。

过度宠爱。父母的溺爱可能会纵容孩子不守规矩的行为。在生活中，有些父母溺爱孩子。当孩子违反规矩、做错事时，他们不仅不加以教育，甚至包庇，这会让孩子认为规矩是可以不用遵守的。另外，过度宠爱下的孩子往往只重视自己的需求，进而无视规矩，只按照自己的想法做事。

应对之道

　　实施个性化教育。父母应认识到每个孩子都有其独特的个性和需求。在孩子难以遵守某些规则时，父母应首先尝试理解孩子的性格和想法，然后根据这些特点进行有针对性的教育和引导。例如，对于活泼好动的孩子，父母可以设定一些灵活的学习环境和规则，以适应他们的个性特点。

　　适度的纪律。避免过度宠爱，当孩子违反规则时，父母应给予适当的纠正和后果教育。同时，父母应明确指出孩子的错误行为，并指导他们如何正确行事。

　　关爱与关注。确保孩子感受到父母的关爱和关注。缺乏关爱可能导致孩子通过违反规则来吸引父母的注意。父母应积极了解孩子的情感需求和日常生活状况，即使工作繁忙，也要保持与孩子的沟通。

　　明确合理的规则。家长应为孩子设定清晰、合理的规则，这些规则应基于孩子的年龄和发展阶段，并与孩子共同商讨确定。例如，对于年幼的孩子，规则应具体形象，易于被理解和执行。

　　日常习惯的培养。"天下难事必作于易，天下大事必作于细。"如果孩子的规则意识不强，那么他很难自觉地去约束自己，这就需要家长从日常小事抓起，通过重复和持续的实践，帮助孩子养成遵守规则的习惯。其中，包括完成作业、礼貌用语等，通过这些小事逐步培养规则意识。

　　父母以身作则。父母应通过自己的行为为孩子树立榜样。正如《每个孩子都能学好规矩》中所说，"没有爱与典范的教育一无是处"。父母的言行对孩子有着深远的影响。父母应遵守社会规范，以身作则，让孩子感受到遵守规则的重要性。

　　家校合作。培养孩子良好的规矩意识，不仅需要家庭的努力，也需要学校的配合。父母应与孩子的老师保持沟通，了解孩子在学校的表现，并共同促进孩子规矩意识的养成。

心理小贴士

孩子爱模仿，家长应谨慎引导

　　社会学习理论指出，观察模仿是个体学习的一种重要形式。这意味着，孩子常常会通过观察他人在特定情境下的行为表现，留意他人行为所产生的结果，然后把他人的行为当作示范来进行模仿。例如，当孩子看到其他小朋友遵守交通规则得到表扬，他们可能就会去模仿这种行为；而看到有人插队未受惩罚，也可能会跟着学。所以，家长们要注意孩子所观察到的行为榜样，引导他们向积极正确的方向模仿。

33

沉迷手机难自拔，家长难道把它砸？

案例导入

小高发现孩子特别喜欢玩手机，总是捧着手机不放。孩子放学回到家第一件事就是要手机，拿到手机之后便躺在沙发上玩个不停。看小说、看视频、打游戏，一玩就是好几个小时，直接把作业抛诸脑后，放假期间就更不用说了。

最近，孩子的这一现象更为严重，连吃饭、写作业都不放下手机，叫他也不搭理，多说两句还嫌烦。小高觉得不能放任孩子这么沉迷下去，于是狠心把手机从孩子手里抽走，孩子却大发脾气，小高为此很苦恼。

心理解读

随着时代的进步、科技的快速发展，手机已经融入我们的生活。越来越多的人使用手机进行交流、娱乐、学习，孩子也不例外。在生活中经常可以看到这样的场景：在餐厅上菜之前，家长和孩子一起坐着看手机；在公交车上，大家都低头用手机看视频；甚至在马路上，家长牵着孩子，孩子一边走一边看着手机。孩子们时时刻刻都想捧着手机，好像上瘾了一样。

什么是手机成瘾？

手机成瘾是指个体无法控制使用手机，导致身体、心理、社会功能受到损伤的一种成瘾行为。根据权威机构预测，手机成瘾将成为21世纪主要的成瘾行为之一。

手机成瘾的特征

据研究，手机成瘾表现出四个主要特征：

孩子无法控制对手机的使用。例如，在日常生活中频繁使用手机，甚至在课堂上也难以克制。

对手机产生心理依赖，过度专注于手机中的内容，从而忽视了所处环境和现实生活。

当不给孩子使用手机时，他们会出现戒断症状，主要表现为焦躁、失落等负面情绪。

过度使用手机已经对个体的人际关系、学习工作、身心健康等方面产生不良影响。

沉迷手机的危害

失去对创造的兴趣。心理学家通过多年的临床工作发现，很多孩子拥有艺术家的 α 脑波特征，即拥有出色的创造性天赋。但是沉迷网络游戏的孩子逐渐丧失了对创造性兴趣的追求。这意味着他们虽拥有创造的潜能，却在沉迷手机后失去了对创造的热情。

造成注意力缺陷。手机成瘾不仅剥夺了孩子的创造力，还使得他们的头脑变得迟钝。手机持续给孩子提供强烈的刺激，如爆笑的短视频、游戏的胜利。孩子的头脑在习惯这些高强度刺激后，生活中其他相对较弱的刺激就很难再吸引他们的注意力，容易造成孩子的注意力缺陷。

影响现实社交。众所周知，部分孩子会在网络社交上花费大量时间。对于家长而言，孩子用手机和朋友交流似乎比用手机玩游戏更容易被接受。但是，过度的网络社交会对孩子在现实中的社交构成威胁。孩子将注意力长期集中于手机中虚拟的社交，很可能忽视与现实中的他人沟通交流。当手机成为交往、交流的替代品后，现实中的人际交往似乎就没那么重要了，长此以往，很容易产生社交障碍或人际关系不适应等问题。

有碍身心健康。孩子手机成瘾明显的表现之一就是睡觉拖延、熬夜玩手机。手机成瘾会降低孩子的睡眠质量，进而影响身体健康。此外，手机成瘾的孩子也更容易产生焦虑等消极的情绪体验。

手机成瘾的原因

手机功能的多样性。手机功能丰富多样，这是显而易见的。孩子可以通过手机进行社交，可以通过手机上网课、观看课外科普视频，也可以通过手机打游戏、看动画片等。手机丰富的功能很容易使孩子产生依赖。

手机方便携带且使用隐蔽。相较于其他娱乐设备，手机只需放进口袋便能随身携带。而且，手机使用隐蔽、不易被察觉，这大大增加了家长监察管控的难度。有时孩子已然痴迷手机，但由于刻意隐藏，家长往往一段时间后才能发觉。发觉之后家长也难以采取及时有效的措施来帮助孩子加以控制。

父母忽视，孩子缺爱。心理需求满足的网络补偿理论认为，孩子沉迷手机往往因为在现实中的需求没有得到满足。生活中的很多情况会导致父母无法给予孩子充分的关注，比如家长工作忙碌，没有时间陪伴孩子等。在这种情况下，孩子感觉到自己被父母忽视、未获得足够的关爱，就会向其他方面寻求补偿。

消极的家庭氛围。溢出假说认为，夫妻之间的消极情绪和行为会"溢出"，给孩子造成不良影响。比如夫妻吵架、冷战甚至分居，都会营造不良的家庭氛围。孩子在这样的家庭环境中生活，自然会受到消极氛围的影响，从而容易沉浸于手机带来的愉悦轻松之中。

家长的纵容。在饭馆、地铁站等场合，我们会看到一些带着孩子的家长为了让身旁的孩子安静一点，主动将手机交给孩子玩。而有些家长则将玩手机当作奖励给予孩子。家长通常意识不到手机成瘾的危害，无意中纵容了孩子对手机的依赖。

应对之道

付出陪伴和关爱。正如上文所述，很多时候孩子沉迷手机是因为感觉自己被家长忽视或拒绝，未得到足够的陪伴和关怀。家长应该多关注孩子的身心状态，花更多的时间来陪伴孩子，和孩子一同进行一些户外活动或游戏，帮助孩子从手机中解放出来。

营造良好家庭环境。社会学习理论认为孩子在家常常模仿父母行为。所以，父母在家中或陪伴孩子时，应尽量减少或避免玩手机，为孩子创建良好的家庭环境，潜移默化地影响孩子对手机的使用，防止出现手机成瘾的情况。此外，父母双方尽量避免在孩子面前吵架、冷战，努力营造出积极的家庭氛围。

严格管控手机的使用。面对孩子滥用手机的情况，家长一定不能纵容，要明确态度，严格管控孩子对手机的使用。父母可以和孩子约定每天的手机使用时长，帮助他们合理安排时间。比如，约定每天写完作业之后玩一小时手机，其他时间绝对不碰手机。可以给孩子买手机，但应严格限制孩子手机的功能。需要注意的是，家长不能忽略孩子的感受。手机管控的方式需要父母和孩子协商一起确定，但在确定之后需要坚决执行。

帮助培养兴趣爱好。家长应当帮助孩子发展培养自己的兴趣爱好，陪伴孩子做自己喜欢的事情，也可以协商后为其报名兴趣班。如果孩子能找到自己喜欢做的事情并投入其中，便能从中体会到乐趣和成就感，从而不会沉迷于手机带来的刺激。

鼓励课外活动。家长可以鼓励孩子参与更多的课外活动，如参加羽毛球比赛、暑期夏令营等等。多参与课外活动既能促进孩子的全面发展，又能将孩子的注意力从手机上转移。当孩子不再需要通过手机获取快乐、消磨时间时，他自然而然就能摆脱手机成瘾。

心理小贴士

焦点解决短期治疗助力孩子摆脱手机成瘾

焦点解决短期治疗是一种治疗网络成瘾的方法，可以让当事人以最快的速度实现积极转变。在孩子手机成瘾的问题上，首先，家长可以和孩子一起明确具体且合理的目标，比如每天减少一定的手机使用时长。其次，家长引导孩子回忆曾经哪怕是很微小的成功控制手机使用的经历，从中获取动力和方法。最后，在孩子努力改变的过程中，家长要善于发现并放大孩子的每一点进步，及时给予充分的肯定和鼓励，增强孩子的信心和动力。只要家长和孩子齐心协力，遵循这样的方式，就有望帮助孩子成功摆脱手机成瘾的困扰。

34

孩子说谎戒不掉，
家长到底怎么教？

案例导入

　　小张的孩子一向十分乖巧。一天，孩子跟小张说自己期末考试考了90分，小张很高兴，表扬了孩子并允许他晚上多看一个小时电视。结果过了两天，小张接到学校老师的电话，才知道孩子说了谎。孩子不仅只考了60分，还模仿小张的笔迹在试卷上签了名。小张知道后非常生气，狠狠地批评了孩子。

　　小张本以为小孩不会再撒谎了。一段时间之后，小张却发现孩子写作业的时间越来越长，总是写到很晚，白天的精气神也不太好。在小张询问之下，孩子说是老师布置的作业变多变难了，学业也变重了。小张心疼孩子，便很少去打扰孩子写作业。几天后，小张在帮孩子收拾课桌时，在作业本下面发现了一本已经看了一大半的漫画书。在小张严厉询问后才知道，孩子这段时间一直在偷看漫画书，写作业在看，晚上熬夜也在看，之前所说的学业变重都是在说谎。

心理解读

　　孩子说谎是家庭中常见的问题，我们在生活中经常会遇到谎言。

谎言的类型

善意的谎言。善意的谎言是为了帮助他人或者保护他人情感不受伤害而编造出来的，这是亲社会谎言。例如，同学画了一朵花，即使画得并不好看，孩子也会夸赞一句。这时的谎言是善意的，并且会带来积极的效果。

恶意的谎言。恶意的谎言是违反道德的，以牺牲他人的利益为代价的，这是反社会谎言。譬如，摔坏了朋友的玩具却说不是自己做的，明明没有写作业却谎称自己写了。这种谎言是非道德的，既增加了父母对孩子管教的难度，也不利于孩子自身的发展和成长。

说谎的危害

增加父母对孩子的教育难度。说谎会向他人传递错误的信息，误导他人对真实情况的认识与评价。尤其是反社会谎言，孩子可能为了逃避惩罚或获得好处而掩盖实情、编造虚假信息。例如，有的孩子会谎报考试成绩以掩盖考试成绩不佳的情况。若家长被蒙蔽，便无法及时了解孩子真实的学习情况，无法给予适当的关注和帮助。

损害彼此信任，影响人际关系。众所周知，《狼来了》的故事揭示谎言对信任的消耗。频繁的谎言会削弱人与人之间的信任。当家长知道一个孩子总是说谎，他们会对这个孩子的话保持怀疑。无论是亲子之间还是朋友之间，说谎都会导致信任受损，进而影响人际关系，造成疏离和紧张。

淡化道德意识，形成不良品行。孩子经常说谎，尤其是反社会谎言，容易形成一种坏习惯。孩子习惯了说谎，就会忽视谎言带来的负面影响，甚至不觉得说谎是不好的事情。这说明道德的约束力下降了，可能进一步加剧道德意识的淡薄，形成不良品行。

孩子说谎的原因

趋利避害的本能。研究表明，逃避惩罚和获得好处是人类说谎的主要动机。孩子做错事时，为逃避惩罚可能会选择用谎言掩盖；有时孩子说谎则是因为知道说谎之后能得到想要的东西。

社交技巧的一部分。从某种程度上看，说谎是社交的一部分，尤其是亲社会谎言。当孩子能在特定场景中编织善意的谎言时，表明他们能够判断社交情境、人际关系和社会规范。这时的谎言不仅具有欺骗性，还具有社会性，代表孩子的社交能力发展到了一定程度。

认知局限与善恶不分。 小学时期，孩子的道德认知发展尚不完善，大多处于道德发展阶段中的前习俗阶段。他们只在乎撒谎是否能够带来快乐，分不清不同谎言背后的道德含义，也分不清善意谎言和恶意谎言的区别。

家长的忽视与冷漠。 家长对孩子的忽视和冷漠会增加孩子说谎的可能性。为了得到父母的关注和夸奖，孩子可能会美化自己的学习成绩或谎称生病。这时孩子说谎只是为了获得更多的关爱和陪伴。

模仿与学习。 孩子在成长过程中，会根据自己所处的环境来调整自己的语言。研究表明，谎言是一种被父母普遍用于影响儿童行为的工具。我们经常会听到家长对孩子说"如果不听话，坏蛋就会把你抓走"这类的话。孩子通过对生活中他人行为的观察，不仅学会了说谎，而且逐渐学会如何将谎言说得更贴合环境。

应对之道

放平心态并正确看待。 家长必须认识到，说谎是孩子认知水平发展和语言学习的结果。家长不要忽略孩子说谎的问题，但也不必将其视作洪水猛兽。家长既要看到说谎的消极一面，又要看到其积极的一面。适度的善意谎言是可以接受的，过度的恶意谎言才是需要警惕的。

关注说谎的动机与原因。 家长应该重点关注孩子为什么说谎，而非谎言本身。父母要了解清楚是因为怕被责备，想获得父母的关注，还是因为成长过程中的逆反心理等导致孩子说谎。家长可以通过询问孩子的想法和关注其心情、状态来判断说谎的原因，并针对性地应对。

加强认知教育与识别谎言的能力。 小学时期的孩子受认知发展局限性的影响，对谎言的认知能力有限。家长应对其进行相关教育，加强孩子区分亲社会谎言和反社会谎言，并举例说明其后果。家长还可以通过讲故事的形式进行教育，方便孩子理解。

明确态度并积极引导。 家长需要对孩子进行有效的监管，在辨别谎言类型的前提下引导孩子少说谎。家长在孩子面前要明确否定恶性谎言，告诉他们说谎所引起的种种不良后果；同时，教导孩子过多虚假的言语会导致他人的不信任，真诚往往更加动人。对于恶意撒谎而屡次不改的孩子，可以适当给予惩罚，让其意识到撒谎的错误性。

言教身教并举。家长除了要告诉孩子不要说谎，还应明白言传身教这个道理。家长在孩子面前应当留意自己的言行，时刻牢记自己是孩子的榜样。家长承诺孩子的事情一定要兑现，避免在孩子心里种下谎言的种子。

心理小贴士

从科尔伯格理论看孩子道德发展

道德发展阶段理论认为，个体的道德发展共有三个水平，分别是前习俗水平、习俗水平和后习俗水平。小学生通常处于前习俗水平阶段，此时孩子对好与坏有一定的分辨能力，但他们判断行为好坏的方式较为简单，主要依据行为带来的物质结果，比如得到或失去某些东西；或者看行为能否给自己带来快乐，像获得奖励、避免惩罚以及博取他人欢心等。了解孩子这一道德发展特点，能帮助家长更有针对性地引导孩子树立正确的道德观，减少说谎等不良行为。

35

辣条、奶茶乐此不疲，
如何爱上蔬菜、大米？

六年级的小明最近让父母十分烦恼。作为家里的独生子，小明的生活中充满了父母长辈的爱。对于他的要求，大家总会力所能及地满足。然而家里的"小皇帝"最近却让父母犯难了。小明体重严重超标，免疫力下降，经常感冒发烧，甚至还会失眠，学习成绩也直线下降。

小明的父母只好求助医生，希望能够得到解决的办法。然而医生的话却让父母后悔不已。原来，小明之所以出现这些问题，和他平常吃垃圾食品的习惯息息相关。平常的生活中，小明不喜欢吃家里做的饭，不喜欢吃大米、面条，也不喜欢吃蔬菜，他总是要求父母买汉堡炸鸡、辣条薯条、碳酸饮料等，这些高热量、缺乏营养的垃圾食品就慢慢摧毁了小明还在成长的身体。

心理解读

在现实生活中，众多家庭有着和小明父母相同的困扰，孩子对垃圾食品的偏爱致使其健康状况持续下降。

什么是垃圾食品?

垃圾食品是指焦糊、高油、高盐、高糖、高食品添加剂的食品,过多食用容易使人发胖,还可能导致人体营养缺乏,甚至损害身体健康。

垃圾食品的类型

一般来说,常见的垃圾食品类型包括:腌制类食品、油炸类食品、饼干类食品、加工类肉食品(如香肠、火腿等)、方便类食品(如方便面)、汽水可乐类饮料、罐头类食品、冷冻甜品类食品、话梅蜜饯果脯类食品、烧烤类食品等。

垃圾食品的危害

影响孩子的身体健康。过度摄入垃圾食品会给孩子的身体健康造成极大危害。原因在于垃圾食品缺乏人体必需的蛋白质、维生素等营养物质,反而富含高热量与危害物质。例如,油炸食品中含有大量的油脂和胆固醇,容易让孩子们患上肥胖症;罐头类食品营养成分流失严重,而且可能存在添加剂超标的问题;碳酸饮料中含有大量的糖分、碳酸、食用香精、柠檬酸等,会对孩子的身体健康造成影响,尤其是碳酸,会直接影响孩子机体对钙质的吸收。此外,其他类型的垃圾食品也会对孩子的身体健康造成各种不良影响。

影响孩子的智力发展。垃圾食品不仅会对孩子的身体发育有影响,而且可能对孩子的智力发展产生阻碍。研究表明,垃圾食品中富含的食品添加剂,存在危害孩子大脑发育的物质。孩子的大脑和神经系统发育,需要食物中的蛋白质、维生素和微量元素,而垃圾食品不仅缺乏这些,甚至可能起到反作用。

影响孩子的睡眠质量。相关科学研究显示,每天喝3杯以上碳酸饮料的青少年出现睡眠障碍的概率比每天只喝1杯的同龄人要高出55%。每周有4天以上吃快餐食品的男性青少年比每周只吃1次快餐的男性青少年出现睡眠障碍的概率要高出55%,而这一数值在女性青少年中为49%。

可能导致孩子出现心理问题。一项研究表明,大量摄入加工类垃圾食品导致孩子患上抑郁、焦躁等心理疾病的可能性更高。

孩子爱吃垃圾食品的原因

诱惑性强。垃圾食品一般都含有各种各样的食品添加剂,通常色、香、味俱全，对孩子产生很强的诱惑力。

受广告影响与易得性。垃圾食品广告充斥在日常生活中。同时，街边商铺众多，使孩子更容易接触和购买。

认识不足。孩子心智发展不成熟，对垃圾食品的危害性缺乏科学明确的认知，难以抵挡其诱惑力。

家长纵容。家长对孩子吃垃圾食品的要求过度纵容，也是导致孩子偏爱垃圾食品的重要原因之一。

应对之道

对孩子进行食品健康教育。家长在全面认识和了解垃圾食品的基础上，应积极向孩子传授食品健康教育知识，帮助他们认识垃圾食品，并引导他们形成健康的饮食习惯。

以身作则树立好榜样。家长在日常生活中养成健康的饮食习惯，不吃或少吃垃圾食品，多吃健康的饭菜，给孩子树立一个良好的榜样。

适度拒绝孩子的无理要求。家长不应溺爱孩子，不能无条件满足孩子的需求，要学会合理地拒绝孩子吃垃圾食品的要求。

远离垃圾食品环境。日常生活中，家长应尽量减少带孩子去售卖垃圾食品的场所，降低孩子接触垃圾食品的可能性。

提供健康的家庭饮食。想要让孩子少吃垃圾食品，让孩子爱上吃家里的"蔬菜大米"，家长们就要在日常饭菜中下功夫。家长通过更健康、更美味、更诱人的日常饭菜来吸引孩子对家庭饮食的兴趣，降低孩子对垃圾食品的兴趣。

心理小贴士

让孩子告别垃圾食品，家长需努力

孩子爱吃垃圾食品，对辣条、奶茶等乐此不疲，而对蔬菜、大米等健康食品置之不理，这确实是一个令家长头痛不已的问题。垃圾食品不仅给孩子的身体发育带来危害，甚至可能对孩子的心理发展产生负面影响。因此，如何让孩子喜欢上家里的"蔬菜大米"，对"辣条奶茶"说"不"，对家长来说是一个严峻的挑战。然而，偏爱垃圾食品不仅仅是孩子自身的问题，也和家长的做法息息相关。要想让孩子学会合理拒绝垃圾食品，家长不仅需要对垃圾食品有足够的正确认识，更需要在细节方面付出有效的努力，以此来守护孩子的健康成长。

36

上课黑板看不清，如何用眼保"光明"？

上个星期，小刚对母亲李女士说自己眼睛不舒服，并且感觉看不清远处的东西，可能得了近视。听后，李女士吃了一惊，因为家里从来没有人得过近视。孩子才五年级，要是得了近视可怎么办呢？于是母亲李女士和父亲王先生带着小刚到处求医问药，希望治好小刚的近视。

在医院，李女士对张医生说："小刚最近因为学业压力重，经常用眼过度，还迷上了电子游戏，一有时间就坐在家中打游戏，也不出去运动。"张医生对李女士解释道，正是因为小刚长期存在不科学的用眼习惯，导致视力慢慢下降，直至患上近视。现在，只能为小刚配上度数合适的近视眼镜，并引导小刚养成科学的用眼习惯，以防近视度数加深。听了医生的话，李女士深感懊悔。

心理解读

小刚父母的后悔与他们平日忽视小刚的用眼习惯密切相关。由于家族中无近视史，李女士认为小刚也不会近视，因此未对小刚的不良用眼习惯给予足够关注。她常因心疼儿子学习辛苦而忽视其低头学习的危害，也认为玩电子游戏是儿子放松的方式，未意识到其对视力的潜在影响。这种忽视最终导致小刚近视，给父母留下了遗憾。

什么是近视？

从医学观点而言，近视即屈光不正的一种，眼睛在调节放松状态下，平行光线进入眼睛中并聚焦在视网膜之前，导致视网膜上不能形成清晰像。简言之，近视就是近处的东西基本上看得清，看远处时则会出现视物模糊的现象。

近视的症状与类型

近视的典型症状包括远视力衰退、视疲劳、外斜视、眼球改变等。近视的一些常见并发症状包括视物变形、视物遮挡、视物重影、眼球转动受限、光觉异常、色觉异常、飞蚊症、对比敏感度下降等。

那么近视的类型又有哪些呢？从近视度数的角度划分，50度至300度称之为低度近视，300度至600度称之为中度近视，超过600度称之为高度近视；从屈光成分的角度划分，可分为轴性近视与屈光性近视；从病程进展来划分，可分为单纯性近视与病理性近视。

近视对孩子的危害

影响生活。近视会导致孩子看远处时视物模糊，容易认错人或物，给日常生活带来不便。此外，佩戴的眼镜在天热时容易因出汗而滑落，天冷时镜片容易结雾，进一步影响生活。

影响学习。近视孩子经常感到眼睛干涩酸痛，视物模糊，容易导致注意力不集中，比视力正常的孩子在学习上花费更多的时间和精力。另外，对孩子们而言，视力下降，看不清黑板上的板书，也会挫伤他们的学习兴趣，进而影响学习成绩。有些孩子即使近视也不愿意戴眼镜，导致低头看书，眯眼看远处，形成恶性循环，进一步损害视力。

影响身体健康。孩子因为视力模糊或者佩戴眼镜而不便进行体育活动，导致他们缺乏锻炼，进而影响身体发育。

影响心理健康。由于孩子们对近视的认识不足，佩戴眼镜的孩子容易受到周围视力正常孩子们异样的对待，如起绰号"小眼镜""四眼仔"等，长此以往，孩子可能产生自卑心理。此外，近视孩子由于视觉空间的缩小而使得生活范围受到限制，活动与社交受限，进而可能影响孩子的自尊、自信和人际关系。

影响下一代。由于近视具有一定的遗传性，如果孩子得了近视，可能增加其下一代近视的风险。

影响孩子近视的因素

用眼知识不足。青少年近视的一个重要原因就是缺乏健康用眼知识，难以形成正确的用眼习惯，进而导致近视。

不良用眼习惯。良好的用眼习惯是青少年预防近视的重要手段。然而，很多青少年并没有养成良好的用眼习惯，比如躺着看电视，长时间使用电子产品，在刺眼的阳光下看书，学习时坐姿不对，等等。这些不良用眼习惯都会增加青少年患近视的风险。

电子产品的诱惑。电子产品对青少年具有强烈的诱惑性。这种情况下，青少年的眼睛长期受到电子产品的光照刺激和辐射，得不到正常休息，容易造成眼睛的正常机能损伤。

遗传因素的影响。研究表明，近视一定程度上受遗传影响。眼球的前后轴变长（角膜到视网膜的距离），或者说眼球的形状发生改变，是一种潜移默化的过程，由人的生长过程决定。相关遗传基因存在缺陷时，就更容易患上近视。

课外运动时间不足。研究证实，户外运动时间越少，患近视的风险性就越高。学校不重视青少年的课外活动时间，家长也不要求孩子经常到户外玩耍，长期使用各种电子产品，都会增加近视的风险。

 ## 应对之道

带孩子定期检测视力。家长可以带孩子定期进行视力检测，做到早检测、早预警、早干预。对中小学生而言，随着学习任务逐步加重，孩子用眼时间增加，家长可以带着孩子每3~6个月做一次视力检测。

传授孩子正确的用眼知识。家长要成为守护孩子用眼"光明"的使者，在日常生活中应向孩子传授科学的用眼知识，包括让孩子了解到保护视力的重要性，认识到近视的危害，懂得采用怎样的措施保护视力，以及当患上近视后应如何防止近视度数增加。

引导孩子养成科学的用眼习惯。家长要引导孩子养成科学的用眼习惯。例如，教会孩子正确的看书与写字姿势，引导孩子科学使用电子产品，带领孩子经常做户外运动，等等。

提供科学合理的学习工具。在为孩子配备学习工具时，家长应注意选择与孩子身高和用眼需求相适配的学习桌椅，同时为孩子提供合适的照明设备，确保光线既不过于刺眼也避免不足。

避免用眼知识误区。家长在保护孩子视力时，容易因生活经验而陷入一些认知误区，导致采用不当的应对方式。例如，盲目听信各种眼药水的广告，并为孩子购买使用。家长应了解并走出用眼知识的误区，以更有效地保护孩子的视力。

心理小贴士

引导孩子保护视力，让心灵之窗更明亮

眼睛是心灵的窗户，是人们用来观察世界、与世界建立紧密联系的基础。因此，作为家长，我们应高度重视并保护孩子的视力。家长不仅要了解科学的用眼知识，还要积极传授相关知识给孩子，帮助孩子掌握并实践科学的用眼习惯。做到近视问题早预防、近视之后及时就医，不让孩子的近视度数加深，让他们拥有一个明亮的心灵之窗，去更好地观察这个美丽的世界。

37

孩子叛逆不听话，如何教育巧应对？

六年级开学以后，小陈仿佛变了一个人，往日乖巧听话的他如今脾气可大了。从前，他热爱学习，现在却每天都不愿意去上学，还经常找借口请假逃学，家庭作业也不按时完成。他对班里的英语老师也有意见，觉得老师在刻意针对他，因此经常和英语老师顶嘴、吵架。平时在家里，如果饭菜不合味口，小陈就会不高兴，想要的东西买晚了，也会和父母发脾气。他只要心情不好，就会和父母顶嘴，甚至离家出走，让家长操碎了心。

心理解读

案例中的小陈怎么了？其实，小陈的这种行为属于青少年叛逆心理，这是大部分青少年在青春期都会出现的现象。

什么是叛逆？

叛逆是青少年心理发展过程中的一种普遍且正常的现象。所谓青春期的叛逆，指的是青少年对大人的要求呈现出相反的态度和行为的一种心理状态和行为表现。

叛逆的表现

叛逆心理与行为在青少年中常表现为"不受教""不听话"，常与老师、家长"顶嘴""对着干"。处于叛逆期的孩子易怒、易冲动、做事不计后果。其典型心理特征的表现是反抗，具体包括反家长、反老师、反权威。同时，他们还可能不服成人管教，出现过度追星、早恋、网瘾、离家出走等问题行为。

孩子叛逆的危害

造成家庭关系紧张。 孩子过度叛逆会破坏原本良好的家庭氛围，引发亲子冲突，导致家庭关系紧张。

影响学业。 出现叛逆心理与行为的孩子会经常与家长、老师对抗，不好好学习，导致学习成绩下滑或出现学习困难。

易形成问题行为。 叛逆的孩子很容易习得不良行为习惯，往往倾向于与同样具有叛逆行为的同伴交往，很容易形成抽烟、逃课、打架等问题行为。

影响性格发展。 长期叛逆的孩子容易形成莽撞、独断专行、缺乏同情心、冷漠等性格，倾向于使用暴力解决问题，对性格发展造成很大影响。

影响未来发展。 叛逆的孩子往往会因为格格不入的言行，限制了发展空间，更容易遭遇生活挫折，难以拥有幸福人生。

孩子叛逆的原因

孩子身心发展特点。 青春期的孩子身体迅速发育，渴望独立，但其思维发展相对滞后。他们思想敏感，容易冲动，看待问题片面，很容易表现出叛逆行为。

父母、老师同孩子的相处方式。 青春期的孩子渴望自由、平等，如果父母或教师不能科学地认识到孩子的这一心理特点，在跟孩子的相处中采用说教式或专断式的教育方式，容易引发孩子的叛逆行为。

同伴与社会环境的影响。 人具有社会属性，人类行为易受到同伴和社会环境的影响。一方面，当孩子的同伴存在叛逆行为时，孩子易受其影响。另一方面，由于孩子的自控能力与辨别能力不足，当面对社交媒体中的不良信息时，易学习不良的行为习惯与思维方式。

应对之道

理性认识叛逆。父母应当认识到，叛逆行为是一种较为普遍且正常的现象，是孩子思维发展成熟的标志。因此，当孩子出现叛逆行为时，家长不要过分感到恐慌，而是需要进行积极引导。

引导孩子正确认识叛逆。孩子对叛逆心理与行为往往缺乏了解。所以，家长要给孩子传授有关叛逆的概念、危害、原因及应对知识等，让孩子在面对叛逆时做到不恐慌、不紧张、不迷茫。

营造和谐家庭环境。孩子的部分叛逆行为可能是对不良家庭氛围的抗议。父母可以通过营造一个和谐的家庭氛围，让孩子感受到来自家长的支持与爱，从源头上减少孩子的叛逆行为。

形成健康和谐的相处模式。在与孩子相处时，家长要多交流，了解孩子内心真实想法与需求，形成健康和谐的相处模式。对青春期的孩子，家长要采用尊重、民主、平等的方式对待，而并非一味独断或打压。

心理小贴士

防止青春期叛逆，家长应科学引导

青春期的青少年叛逆是一种正常且普遍的现象。家长无须过度恐慌和紧张，而应找到孩子叛逆的原因，通过平等沟通和改变相处方式等做法，从源头上减少孩子叛逆行为发生的概率。此外，当孩子出现叛逆时，家长应当科学合理疏导，积极帮助和引导孩子树立正确的世界观、人生观和价值观。

每天学点心理学：小学生心理健康知识手册

156

38

盲目攀比增嫉妒，
如何调节攀比心？

上小学四年级的慧慧最近总是闷闷不乐。经过妈妈再三追问，她才委屈地说出了自己不高兴的原因，理由是她同学都有电话手表，而她没有。同学们下课时，经常拿出电话手表炫耀，还总是笑话她。慧慧觉得自己很没有面子，在同学面前也失去了自信。

心理解读

案例中的慧慧有着较严重的攀比心。慧慧年龄较小，知识面较窄，对社会认知不足，最典型的想法就是"别人有，我也应该有"。

什么是攀比心理？

攀比心理是指脱离个体实际而盲目攀高的心理现象。在孩子身上，这种心理体现为要求父母为其购买各种超出实际的消费品，如衣服、文具等。一般情况下，消费者的消费行为本应受其经济收入水平制约，但有时受高收入人群的高消费示范效应及"面子消费"心理的影响，会出现相互攀比的现象。

攀比心理的危害

消费价值观偏差。攀比心理会导致孩子形成非理性的人生观和价值观。受攀比心驱使，孩子容易盲目跟风，久而久之会造成其消费心理畸形发展，使他们养成爱慕虚荣、相互攀比的不良习惯。在此背景下，他们的人生观、

第五篇　成长篇——

157

价值观也会出现扭曲，变得越来越不满足。

加重家庭负担。 过度攀比会给家庭带来沉重的经济负担。有过度攀比倾向的孩子往往不考虑父母的经济状况和感受，盲目攀比跟风购买非必需品，这会对家庭财产造成巨大消耗，给父母带来较大压力。

引发心理与行为问题。 过度攀比的个体往往因无法满足内心需求而出现嫉妒、焦虑、沮丧等负性情绪，时间久了可能演化成自卑、抑郁等心理问题。此外，受攀比心理的影响，攀比者可能为满足个人心理需求而做出欺骗等非道德行为以及偷盗等违法乱纪行为。

形成不良社会风气。 不顾实际地盲目攀比会让个体购买大量无用物品，这不仅容易造成资源浪费，还会败坏社会风气，导致出现重物质、轻精神追求的不良社会风气。

攀比心理形成的原因

社会风气影响。 随着市场经济的快速发展，当今社会出现拜金主义和享乐主义的错误思想。这种思想一定程度上催生了孩子的攀比心理。

过度溺爱。 有些父母，尤其是祖父母或外祖父母过分溺爱孩子，对孩子的需求甚至无理需求都毫无原则地满足。这让孩子形成了"自我中心"的优势认知，并可能通过攀比维持这种认知，从而助长攀比现象的发生。

榜样示范缺失。 有些家长自己没有做好榜样，在生活中过分追求物质享受、挥霍无度。父母的行为会潜移默化地影响孩子，使孩子的攀比心理愈发严重。

面子心理的影响。 在人际互动过程中，受面子心理的影响，孩子不想在同伴面前低人一等，往往通过攀比跟风等做法以获得同伴的认同与肯定。"他有的，我也要有"成为他们的口头禅。

应对之道

培养孩子积极的金钱观。 金钱与物质攀比往往紧密相关。然而，有些小学生在生活中很少或者从来没有接触过金钱，对于金钱的象征意义与实际意义难以理解。如果要克服已经产生了的物质攀比习惯，首先，家长在思想上要让孩子明白金钱对生活的真正意义，即货币与劳动、物质之间的关系。然后，家长可以教孩子将平时收集到的硬币放到存钱罐里，通过实际的存钱行为让孩子真切感觉到金钱的重要性以及金钱积累的不易。

家长要成为合格的榜样。在家里，父母通过自己的言行潜移默化地影响着孩子。面对孩子的攀比行为，家长要以身作则，不物质化、不世俗化，不盲目跟风消费，而是引导孩子进行正向比较，如比学习、比助人等。

克制孩子的虚荣心。虚荣心是造成孩子们盲目攀比的重要原因之一。虚荣心会让人心生嫉妒，做出一些害人害己的非理性行为，不利于个体的健康成长。父母要让孩子明白虚荣心的危害，学会克制虚荣心，从思想上斩断他们盲目攀比和炫耀的根源。家长可以多在孩子面前展示自己的才能，注重在实际生活中对孩子进行审美教育。当孩子表现出对物质上的过度需求时，家长可以多带孩子参加户外活动和集体活动，让孩子体验精神生活的乐趣。

对孩子攀比心理进行积极引导。研究表明，适当的精神层面的"攀比"可以激励我们成为道德高尚、优秀的人。因此，父母可以引导孩子选择新的比较内容，发挥攀比心理的正面作用。例如，把比零花钱转变为比学习等，把攀比的内容从物质层面转到精神层面，杜绝低端的物质性"攀比风"。

心理小贴士

引导学生树立正确价值观 消除盲目攀比

2024年5月，某网站发布了一篇报道，谈论了某小学征求家长对于"拟统一为学生购买600元一双的运动鞋"的意见。学校的初衷是消除学生之间的攀比心理，但提出的解决方案却引发了更大的争议。家长和网友们普遍质疑，统一购买高价运动鞋是否有必要，以及这种做法是否真的能够防止学生之间的攀比。这提示我们，消除攀比心理不能通过简单的物质统一来解决，学校和家长应该引导学生树立正确的价值观和消费观，强调人的价值在于品格、能力和贡献，而非物质财富。当然最重要的是，要为学生营造一个公平、公正的成长环境，避免人为制造不平等。

39

邂逅青春，解密成长，性观念如何灌输？

小昊是一名小学五年级的学生，他清楚地记得，曾经在小学一年级时和班上几个女孩子一起玩游戏，在懵懂无知的情况下，他们因为对身体的好奇，有过一些不适当的行为，比如互相看隐私部位。再后来，小昊和她们还模仿大人的样子拥抱在一起玩。虽然这件事过去很久了，但此后小昊就不敢再见到她们了，总觉得自己做错了事没脸见人。甚至，他都害怕见到女孩们的父母，觉得女孩的父母要把自己痛打一顿似的，为此精神特别压抑。后来，小昊经医生诊断为性压抑，这是一种典型的性心理障碍。

心理解读

案例中小昊面临的问题属于性心理问题。在小学阶段，学生的性意识开始萌芽，如果未得到正确引导，可能会出现身心问题。然而，有些父母会刻意回避教授孩子性相关知识，导致错误的性知识理解，进而造成性心理困扰。

儿童性心理障碍类型

儿童性心理障碍是指发生于儿童时期的性心理紊乱行为，主要包括性识别障碍、露阴癖或窥阴癖、恋物癖、性受虐癖或性施虐癖等。

性识别障碍。性识别障碍又称为性认同障碍，表现为儿童对自己的性别认识、行为与其生物性别相反。如着装与行为完全模仿异性，同时坚决否认自己所具有的生物性别特征，这种障碍多见于3~7岁的儿童。

露阴癖。该障碍主要表现为在公众场合或异性面前突然暴露自己的生殖器，这种行为反复出现，明知不合适但不能克制。这种障碍多见于男性儿童。

恋物癖。恋物癖表现为对某些物品的特殊依恋，同时伴有强烈的性冲动和性幻想。这种障碍多见于男性儿童，其依恋对象常为女性的内衣、头巾、丝袜等。

摩擦癖。摩擦癖表现为未经异性同意，反复出现接触和摩擦异性身体，并伴有强烈的性冲动和性兴奋幻想。

性心理障碍的危害

性适应不协调。性适应不协调表现为与异性相处时的不适应，如极度关心异性、对异性产生恐惧、压抑对异性的好感等。

产生性心理困扰。常见的性心理障碍包括性身份障碍和性偏好障碍。性心理障碍容易让个体产生与性有关的苦恼、罪恶感等心理问题，特别是当个体的性行为或性观念与公众认可的标准差异较大时。

性有关的问题行为。具有性心理障碍的个体可能伴随着性别认同问题或对异性过度关注。在实际生活中，他们可能更容易发展为同性恋或者做出与性有关的违法乱纪行为。此外，研究表明，儿童时期的性心理障碍如得不到及时矫治，可能会影响成年后的性取向和性行为。

性心理障碍产生的原因

儿童自身性知识贫乏。受认知的限制，儿童对性及与性有关的知识掌握程度较低，缺乏与异性相处的知识技能。

成人的性回避处理。受传统文化的影响，父母尤其是生活在乡村的父母在孩子面前表现出性抑制，对性相关的问题采取回避态度。即使儿童出现性好奇或困惑，父母也常采取忽视或性抑制的方式，导致儿童缺乏获取性知识的渠道。

将性或性行为丑化。有些家长总是把性描述为非常肮脏、不可启齿的行为，这会使孩子对性产生厌恶的心理，进而影响其性观念和性行为。

成人的性言行忽视。家长往往是儿童学习的榜样。部分家长缺乏对自身言行的控制，在孩子面前表现出不当的性言行，这可能引发儿童的性心理或行为问题。

性诱惑与性观念的混乱。青少年对外来文化教育特别是西方的"性自由""性解放"等缺乏鉴别力，同时受到不良网站中色情等信息的影响，容易产生性迷惑并形成错误的性观念，进而可能演变成性障碍。

应对之道

端正性观念，做孩子的性心理老师。性知识是伴随个体成长过程需要科学认知的内容。父母需要打破传统的性抑制意识，根据儿童的发展特点讲授性相关知识，如男女生理变化知识、异性交往技能等，以提升儿童应对性心理困扰的能力。

树立积极的榜样示范。父母应该树立积极的榜样，通过实际言行影响儿童。如在家里，父母以实际行动尊重彼此，关爱彼此，构建一个温馨和谐的幸福家庭。在与其他异性相处时，也应做到尊重彼此，把握尺度。

直面性心理障碍问题。性心理障碍是一种心理问题，会对个体的成年生活产生影响，但是可以通过适当方法进行干预，并且早干预效果更好。当儿童出现性心理障碍问题时，父母应该给予重视，向专业人士求助，并给予解决，而不是去等待，以免错过最佳干预时期。

心理小贴士

结合孩子成长特点，引导孩子理性认识性

《亲亲孩子谈谈性》一书，为年轻的父母提供了全面系统而科学的性教育方法，让我们能够正确地解读孩子的性成长特点，与孩子轻松谈性，保护好孩子，引导孩子身心健康地成长。该书有助于消除大部分家长因"谈性色变"带来的弊端，涉及了很多生活常见的例子，既指出了家长的一些错误做法，也给予了正确的引导方式，对于帮助孩子理性地认识性有着积极价值。

参考文献

[1] 埃利斯.拆除你的情绪地雷[M].赵菁,译.北京:机械工业出版社,2016.

[2] 卡斯特-察恩.每个孩子都能学好规矩[M].陈素幸,译.北京:中信出版社, 2021.

[3] 陈斌斌,赵语,韩雯,等.手足之情:同胞关系的类型、影响因素及对儿童 发展的作用机制[J].心理科学进展,2017,25(12):2168-2178.

[4] 方晓义,张锦涛,刘钊.青少年期亲子冲突的特点[J].心理发展与教育,2003 (3):46-52.

[5] 胡金木,赵林卓.学习兴趣的发展阶段、影响因素与激发路径[J].课程.教 材.教法,2021,41(11):78-85.

[6] 李飞,苏林雁,金宇.儿童社交焦虑量表的中国城市常模[J].中国儿童保健 杂志,2006,14(4):335-337.

[7] 塞利格曼.习得性无助[M].李倩,译.北京:中国人民大学出版社,2020.

[8] 汤普森,科恩,格雷斯.妈妈,他们欺负我:帮孩子解决社交难题[M].游戏 力翻译组,译.北京:中信出版社,2018.

[9] 美国精神医学学会.精神障碍诊断与统计手册:第五版[M].张道龙,等译.北 京:北京大学出版社,2015.

[10] 明志君,陈祉妍.心理健康素养:概念、评估、干预与作用[J].心理科学进 展,2020,28(1):1-12.

[11] 王坤.自控力心理学:告别拖延,失控和坏情绪,成就自我[M].北京:中国 纺织出版社,2015.

[12] 中国肥胖问题工作组.中国学龄儿童青少年超重、肥胖筛查体重指数值分类标准[J].中华流行病学杂志, 2004, 25（2）: 97-102.

[13] 李蒙蒙.小学生学业拖延的现状与原因的研究[D].大连: 辽宁师范大学, 2013.

[14] Faulstich M E, Carey M P, R uggiero L, et al. Assessment of depression in childhood and adolescence: an evaluation of the Center for Epidemiological Studies Depression Scale for Children (CES-DC)[J].American Journal of Psychiatry, 1986, 143(8): 1024-1027.

[15] Cummings C M, Caporino N E, Kendall P C. Comorbidity of anxiety and depression in children and adolescents: 20 years after[J]. Psychological Bulletin, 2014, 140(3): 816.

[16] Li X, Wang M, Zhang X, et al. The role of parental conflict in predicting adolescent depression symptoms during the COVID-19 pandemic: A longitudinal study[J]. Current Psychology, 2022: 1-9.

[17] Li X, Tang X, Wu H, et al. COVID-19-related stressors and Chinese adolescents' adjustment: the moderating role of coping and online learning satisfaction[J]. Frontiers in Psychiatry, 2021, 12: 633523.

[18] Scaini S, Belotti R, Ogliari A. Genetic and environmental contributions to social anxiety across different ages: A meta-analytic approach to twin data[J]. Journal of Anxiety Disorders, 2014, 28(7): 650-656.

[19] Steel P. The nature of procrastination: a meta-analytic and theoretical review of quintessential self-regulatory failure[J]. Psychological Bulletin, 2007, 133(1): 65-68.

后记

当我们终于为这套"每天学点心理学"丛书画上句号时，心中感慨万千。

时间回到2021年11月19日，江西省平安建设领导小组办公室与江西师范大学共建的"江西省社会心理服务体系建设研究中心"正式揭牌。这是江西省社会心理服务工作的一件大事，中心的顺利揭牌令人欢欣鼓舞、倍感振奋。江西省委政法委对中心工作提出了发展方向，指出社会心理服务的工作要深入基层社区，走进居民群众，把心理服务这篇大文章写好、写精彩。由是，编写一套面向民众的心理科普知识手册列入工作日程。2022年4月，在完成前期调研的基础上，编写专家团队正式成立，开启了编写工作，这也是"每天学点心理学"丛书的缘起。

江西拥有着悠久的历史文化与深厚的人文情怀。进入新时代，江西在推进社会心理服务上取得了一系列成绩：积极探索了与经济社会发展相适应的社会心理服务体系建设模式，完成了赣州市作为全国社会心理服务体系建设试点工作，启动"966525"社会心理服务热线为群众提供心理疏导和心理危机干预等。江西省社会心理服务体系建设研究中心的成立，更是为开展社会心理服务理论和实践研究提供了一个重要的平台。目前，中心已成立两支专家队伍，在编撰出版心理科普读物、开展社会心理知识宣传、网格员心理培训与疏导、研究并构建特殊人群教育转化的干预策略、开展民事转刑事的矛盾化解规律研究、撰写决策咨询报告等方面进行了大量工作。

本手册即为"每天学点心理学"丛书之一，结合小学生的认知、思维等特点，通过文献梳理、访谈调研等方式，对小学生常见心理健康问题进行汇总与分类，并从父母视角提炼出对应的对策与建议。本书集中反映了小学生在认知、自我、学习、交往和成长等方面面临的典型心理困惑，并提出相应的应对策略，凝聚了笔者团队的集体智慧。期望此书能成为小学生心理健康促进的工具书，以及父母健康育儿的"工具书"和"枕边书"。

本手册是在江西师范大学李小山副教授和易芳副教授的带领下，组织孙鹏永、王敏、苏艺瑶、唐梅、刘榆、孙梦、张雪莲、詹婷婷、赵一、申心乐、李茜、唐秀娟、黄蔚文等13位同志一起完成编撰工作。金一丹、徐子加、王久运等3位同志参与了资料收集工作。李小山负责全书的统稿工作。

在编写过程中，也借鉴了国内外诸多专家的文献，吸收了他们关于心理健康的真知灼见，在此一并致谢。同时感谢在编写过程中给予帮助的所有人。

参编人员也深知，纵然精心编写，疏漏在所难免。希望各位读者朋友在阅读过程中能够不吝赐教，提出宝贵的意见和建议，帮助我们不断完善和提高。

编者

2024年12月